給年輕人一個再出發的指引

翟本喬　和沛科技創辦人

　　我一直都覺得臺灣人的創造力不輸給全世界任何一個所謂的「先進國家」，但為何我們整體的表現不如人家呢？為何很多臺灣人到了美國之後反而能大放異彩呢？

　　中村修二在這本書裡要表達的，主要是對整體產業文化的省思。當一個能突破現況創新的人，遭遇到一個醬缸泥淖的環境時，如何才能保持自己不斷前進的心？如何能不被落後的環境所迷惑而同流合汙？他在書中所敘述的經驗和思維，正好可以給舉目無助而氣餒的年輕人們一個再出發的指引。

U0048068

Dream Wild Dreams,
Do Crazy Things!

許毓仁 TEDxTaipei 策展人、TED 亞洲大使

一個人能夠成功，通常有兩個原因：其一，他的人生原本就被設計要成功，他可能是企業的接班人，從出生開始就接受良好的訓練，周圍是賢師益友，培養大格局，做大事。這種人極為少數，你和我可能都不是。其二，有一種人認清所有事情，他沒有以上的條件，他選擇一件事，把其他選項都排除，拼了命做到底，他不理會別人的聲音，他知道他要往哪裡去，他對抗時代的價值觀，他造就了不凡。中村修二先生正是第二種人。

中村先生來自一個日本鄉下的小鎮，在一間小企業擔任研發工作，研究冷門的藍色發光二極體，但他並沒有因

為這樣的條件就停止冒險的心。相反的，他不向現實低頭，挑戰世界級的舞台，最後獲得諾貝爾物理學獎。

中村先生面對的是一個時代的凋零和文化上的對抗。日本在二戰後變得保守，在失去世界舞台的情況下，整個民族也失去信心，百年企業如松下、索尼雖然還能勉強維持地位，但是整個日本社會卻已失去創新的精神，缺乏想像力，年輕人對於未來沒有希望，社會充滿悲觀，企業裡更是充斥著犬儒文化，少做少錯，更沒有人願意放長眼光思考。這是中村先生對抗的日本，一個停滯不前，漸漸失去自我價值的社會。

這樣的日本延續了將近二十年，一直到今日，如此悲觀消極的想法還是存在社會上，高齡化的人口造成社會極大的負擔，年輕人對未來沒有希望。如果你在大公司裡，你會被上司卡在中間，沒有升遷機會，也不敢輕易離職，能有勇氣創業的也占少數。

一個價值崩壞的時代必定開啓價值觀的重組，產生許多新的機會，造就英雄。中村先生以他不尋常的努力，創造破格的成就，他不怕對抗社會的主流價值觀，跳脫常識思考，找到屬於他自己的獨特性。他不相信專家，堅持從頭到尾自己做，顛覆常理，創造不凡。當一個人有決心要走自己的

路，他會忽略雜音，世俗的眼光，專心地每天朝向自己的目標邁進。我常常想，在實驗室裡的中村先生像是一個中古時代的鍊金術士（alchemist），每天埋首於研究，沒人理會他，但是他知道他要往哪裡去，這時他是一個沒人看好、來自日本鄉下的研究員。事實上，任何一個人在還沒有成功前都是nobody，但是態度、格局、堅持和行動力決定了一切。

一九六二年美國總統約翰 · 甘迺迪在萊斯（Rice）大學發表演講：

我們選擇在近十年內挑戰登陸月球，不是因為那是一件簡單的事，而是那是一件困難的事。

We choose to go to the moon in this decade and do the other things， not because they are easy， but because they are hard.

在接下來的十年內，美國也的確把太空人送上了月球，開啓了接下來與蘇聯的太空競賽。有企圖心，就能到你想去的地方，我們不應該害怕困難的事，因爲只有在困難中才能淬煉意志，當你願意挑戰這世界時，你會發現，有一天你眞的會成功。

　　中村先生對抗的社會價值觀像是今日的台灣現況，一個保守，口號多於行動，齊頭式的平等，分配式的資源共享，面對未知，卻失去冒險精神的社會，我們坐享在昨日成功上，卻忘記當時如何來到這裡。我們台灣社會裡有許多中村修二，千萬不要被掩沒了。即使你的能力不是最出眾，你也要有自己的風格，不要害怕跳脫常識，不要害怕找不到答案，因為尋找的過程會讓你發現很多寶藏，不要停止探索事務本質，不斷發問，不被世俗思維局限，以想像力和行動貫徹，dream wild dreams and do crazy things!

前言

　　我知道大家都覺得我是一個冷漠的人，對事物的看法會用比較直接的方式表達。像我這樣的人在日本，算是一個和社會格格不入的怪人。當我還住在日本時，如果表現出類似美國人的思維，就會被旁人說：「你還真像美國人」。

　　所以我移居美國後，確實有一種如魚得水的感受，而心境上也感到前所未有的舒展。不過，這和我是日本人並以日本人的觀點看出日本的現狀是不同的。

　　我的朋友大川和宏先生（東京理科大助教授，專司應用物理學），曾在雜誌上對這一點下了評語。

　　「他（中川修二）不但『喜歡日本』，而且也會用冷漠的態度把『對日本的不滿』表達出來」。他還說：「中村那份『喜歡』的感情，為自己造就出極大的行動力。也因為他的專利權訴訟，才會揭開日本企業、大學在弊端上本性難移

的一面。由於這件事的影響，有越來越多企業開始試著改善體制，想要創造出一個有努力就會有回報的社會」。

　　正如大川先生所說，我是一個喜歡日本的人。正因為我喜歡日本，才會在乎日本社會所面臨的問題。特別是當我到了美國後，日本社會的缺點就一一浮現在我眼前。對此，我甚至已經到了無法坐視不管的地步。我認為不讓日本成長、不鼓勵大家積極變革的觀念，會害日本成為亞洲的井底之蛙。

　　要是日本依然用這種剛愎自用的觀念來運作整個社會，那麼日本總有一天會因此毀滅。在我離開日本後，對於那種迂腐觀念而產生的感想也變得越來越強烈。而這種足以毀滅日本的因子，也在我曾經任職的公司中出現過。這間位於德島的公司，以組織的名義對我施展各種不正當的手段，一切就是為了妨礙我的研究。

　　而我也勇於面對這些不法之徒，所以才會演變成這次的訴訟。如果訴訟結果能像大川先生所說的一樣，足以讓日本社會出現良善的變化，我當然也會因此感到欣慰。

　　不過，為了我們所堅持的良好觀念還是必須奮鬥下去。因為，我想營造出有努力就會有回報的社會，也想創造出能讓社會新鮮人依照興趣、能力來大展所長的環境。我由衷希

望本書多少能成為構築出這種社會的助力。

　　當這本書正式出版時，我想這場訴訟的判決也已經下來了。**注** 但不管是否能夠勝訴，我依然會主張讓日本社會進步的觀念。因為許多企業、團體會仗著多數暴力，以權謀侵犯個人的尊嚴。如果我們無法在職場上保住自己的尊嚴，那麼我們就會失去研究、創造的自由。一旦失去職場上的自由，我們自然就會變成為工作而生的奴隸。只要能阻止如此情形持續發生，即使只有我一個人孤軍奮戰我也在所不辭。而我也是基於這樣的決心，才決定控告那間公司。

　　其實，我本來沒有這種叛逆的想法。但是在我考慮換工作時，看了大川先生在前述所說的雜誌裡，對我下了另一段評論。

　　「如果他前往其他企業工作，會因為無法放棄和目前公司爭執裡所蘊含的潛力，而選擇轉進大學校園。因為他心中的不滿，已經先引導他踏出通往新世界的第一步。他甚至有可能會在訴訟中，展現出令大家難以想像的一面。」

　　我的心境確實被大川先生給說中了。既然我對自己遭遇感到不滿，為何還要任由他人糟蹋呢？而且人心生來就不會對團體百依百順。要是讓那種公司予取予求，我認為反而會

扼殺了自己的特性。我認爲人類之所以會像人類，就是因爲可以充分發揮出各自的特性，所以要每個人將自己的特性委於這個名爲團體的惡魔，才是荒唐至極的作法。

　　目前我在加州一處綠意盎然的校園裡，以研究者的身分思考著日本的將來。我認爲現在的日本應該要放下身段、回歸初衷，再用虛心的學習態度使整個社會取得進步。唯有如此，才能孕育出擁有豐富個性的嶄新日本人。我想透過自己的學習經驗，將這種觀念傳達給年輕研究者、學生們瞭解，因爲要打破日本充滿閉塞感的現狀，就只能靠「嶄新的日本人」。

本書作者於九月上旬

Note
───────────────────────────────

編注：二〇〇四年，一審法庭基於「中村的發明貢獻不小於一半」的判斷，判決日亞化學需支付兩百億日圓。日亞化學在訴訟期間，宣稱中村的發明毫無價值，將專利權讓給中村。二〇〇五年，東京高等法院做出「建議和解」裁決，日亞化學需支付中村八億四千萬日圓。

04　煩惱不斷的學生時期與
　　「外來者上班去」

05　窮究發明的眞正本質

06　獨樹一格的中村流創意

07　打開通往成功的大門

來自加州的
近況報告

美國大學面對人才時，會以實力為優先，
因此會重視教授的研究自由。而這也是美國大學的作風。

— 美國的大學教授等於中小企業的社長

在我位於加州大學聖塔芭芭拉分校的研究室中，目前有十名學生及兩名博士後研究員🇧。我必須支付每名學生每年約三萬五千美元的薪資，換算過來約爲四百萬日圓。而我的研究室目前有十名學生，所以這也代表我一年就會花掉四千萬日圓。至於兩位助手的薪資，我必須支付他們每人一年七百萬到八百萬日圓的薪資。所以，研究室的人事支出一年大約有五到六百萬日圓。如果再將研究室的運作費用加進去，總共約有一億日圓的支出。

換句話說，要讓研究室維持運作，我必須在一年內籌得一億日圓以上的資金。如果我辦不到，那麼這個中村研究室就只能面臨破產的命運。

既然我身爲一名大學教授，爲何必須支付研究室裡的學生（當然這些學生都是研究所的學生）、研究員薪資呢？說到這裡，想必讀者們也摸不著頭緒吧？因爲教授發薪水給學生、研究員是日本大學想像不到的概念。

但這點正是日本和美國在思考上的決定性差異。在日本的大學，老師才是學術研究的主導者，然而美國則認爲大學必須讓世界上會賺錢的人才聚集而來。正是這樣的觀念，

我才會被延攬進加州大學聖塔芭芭拉分校，並且成爲一名工學院的教授。

　　例如，加州大學教授一週必須上兩堂兩小時的課，而這個工作的酬勞將會有九個月的薪資，一共爲十六萬五千美元。在另外三個月的時間中，如果教授有集資的能力，大學也允許教授自行調度研究資金（所以這裡還要再加上五萬美元）。大學和教授的關係僅此而已，學校其實不會干涉研究室的運作方式，也允許教授自由進行研究活動。我個人從大學相關的管道能賺取的收入約爲二十一萬五千美元，至於從私人管道賺取的資金在這裡就不便公開了。

　　所以，如果教授想展開研究，首先就是要有自行調度資金的能力，並且僱用學生幫助進行研究計畫，因此你可以把大學教授想成中小企業的社長。雖然規模很小，但在管理上卻和社長沒兩樣。所以，教授給予優秀的學生較高的報酬，而程度太差的學生就不給予報酬或予以解僱。倘若教授在研究上出現成果時，大學就會和研究室進行各方面的協商（例如專利權），這麼做才是美國大學典型的研究風格。

　　美國大學面對人才時，會以實力爲優先，因此會重視教授的研究自由。而這也是美國大學的作風。

　　接著說下去，就要講到美國人徹底追求金錢的作風了。

美國的教授要取得私人資金時，通常必須有一套確實的賺錢程序。當你在研究上能取得成果，並打算以此創業投資時，大學方面不會加以介入。此時你還可以讓學生們成為公司的執行長，並且靠著股份來賺取大量資金。所以如果該企業有五十到一百位員工，那麼該企業就能從中賺取龐大的私人資金。

而教授靠創業取得私人資金時只能收取顧問費。在日本，如果大學教授向企業收取顧問費，就會被當成是在收受賄賂。但對美國而言，有能力的教授能拿到顧問費，就是一種成功人士的證明。所以，假如教授能收取五間企業的顧問費，而一間企業的顧問費收入為一千萬日圓，那麼合計就有五千萬日圓入袋。所以在美國如果能成功創業，那麼獲取一百億日圓的收入也不是癡人說夢。這種就連大學教授也能掌握的美國夢，就是最典型的美式作風。

而年輕的學生們也願意聚在有實力賺錢的教授身邊，因為只要跟著這樣的教授，就有機會讓自己成為新創企業的社長。換句話說，美國這種方法可以幫年輕人爭取高額的財富。

一 住在三十億日圓豪宅的實力派教授

　　雖然我的研究室請了十位學生作爲研究助手，不過這樣的人數其實算是偏多。一般情況下，每個教授大概只會請到四、五位學生。雖然我這個「中村企業」稱不上是大企業，但就這點來看，也算得上是中上程度或大企業中的中間企業。

　　而那些學生裡，有些人是博士生，因爲我挑選學生的優先考量就是以成績優異爲佳。雖說如此，但千萬不要將我這種標準和日本的大學聯考聯想在一起。美國學生跟日本學生一樣會有所謂的學期成績通知單，而美國大學主要是以通知單作爲錄取學生的標準。這是因爲通知單上的成績紀錄可共用於全美各大學，所以對準備招生的美國大學來說，只要檢視過一遍學期成績通知單，就能知道該學生所有科目的成績表現。一般來說，教授在招攬研究助手時，不會僱用大學成績通知單上不滿 3.5 分（滿分爲 4 分）的學生。美國大學和日本大學不同，他們會徹底參考學生的學習紀錄。因爲美國人認爲大學專門培養有益社會的人才，而一個只會不斷考試卻無法習得專業能力的學生，是沒有資格就讀大學並且順利畢業。所以美國大學特別重視通知單上的成績，

就是因為成績好的學生等同於優秀人才，是個足以成為有益社會的即時戰力。

另一個很重要的錄取方法就是面試。因為在成績優秀的人當中，偶爾會出現性格古怪的人，所以必須透過面試來確認每個學生的性格。通常我們只要花上大約三十分鐘的時間進行面試，就能知道眼前的學生是不是奇怪的人。

當然，想持續進行研究也必須要有相當的體力和耐力，不過我個人最重視的標準是成績紀錄，至於面試則是其次。

雖然美國大學習慣以通知單為標準，但在基本觀念上其實和日本不同。因為美國在教育上很重視培育每個人的個性。那麼，到底又是哪裡不同呢？

首先舉一個小學教育的例子，就能知道美日教育從小學時期就有不一樣的作風了。美國的小學一年級學生在畫畫時，會因為自己還是小孩子，所以想要盡量畫出和他人不同的繪畫。而老師看到小朋友的畫，會徹底誇獎學生畫的很棒、很漂亮，或稱讚是一個值得一看的好作品。而日本的老師則是給予繪畫範本，只要範本是花朵學生就該畫出花朵、是動物學生就該畫出動物。一旦畫出不同於範本的繪畫，老師就會要求學生重畫。寫字的課程也一樣，而且不管是哪一種科目，只要學生得出的結果和範本不同，老師一律會以錯

誤為由要求學生重來。這也就是為何日本學生沒有個性的原因。

美國大學基本上就和小學一樣，不會去否定學生，而且還會盡量誇獎學生的成果。如果學生能在學習中產生良好的成果，教師當然也不吝惜讚美學生。具體上，他們會誇獎你的成果在某某地方很厲害或某某地方很有魅力，他們會讓學生在誇獎中成長，進而培養出自信心。

所以這也是美國人為何比任何國家的人更有自信的原因，再加上他們的學校會培育每位學生在個性中的優點。

美國的大學教育會讓所有選修課程成為培養學生長處的課程，因此每位學生能夠選擇自己感興趣的科目，並且透過課程獲得成長。

而這也就是為何美國大學會相信成績通知單的理由，因為只要通知單上出現優異的成績紀錄，就足以證明該學生在自己喜歡或擅長的科目上會有較好的表現，所以不需要額外靠考試來證明學習能力。因為通知單能確實看出學生在擅長的領域上已習得專業能力。

然後所有的美國企業都很買這種有專業能力的學生的帳。

反觀日本對於專業能力的看法又是如何呢？雖然日本

企業也知道靠面試能瞭解應徵者的特色，但他們的面試卻幾乎不過問應徵者的專業能力。光用「你會柔道嗎？」、「你真是厲害」就打算錄取應徵者，如果應徵者還有環遊世界一周的經歷，更能大大提升自己的錄取機率。至於應徵者在大學曾經做過什麼、學到什麼專業能力，日本企業完全是視若罔聞。我認為日本企業那種靠體力和毅力就能搞定一切的觀念，在這個世界上不可能會通用。

而美國企業則是完全不同，他們很重視應徵者的專業能力。例如化學公司需要有專精半導體的人才時，就會僱用以半導體為專業能力的學生。因為他們相信這種學生在大學已經受過專業的培訓，所以能立刻成為公司的即時戰力，完全不需要進行職前訓練。

反觀日本又是如何呢？日本的新鮮人在學生時期只會遊玩，雖然有足夠的體力工作，但要正式工作前一定要先進行職前訓練。正因為我們的大學教育老是姑息這種莫名其妙的發展，所以我也常常針對這件事向大家抱怨。我認為日本大學只會培養出沒有專業能力的新鮮人進入職場，而且無法讓社會發展取得明顯的進步。

我認為想培育出有個性的人才，就要有完善的教育。基本上，美國人在兒童時期是不需要考試的，學校會鼓勵大家

做自己喜歡的事。當小學生夢想成爲飛機機師時，學校就會從小持續地培養學生當機師。如果學生長大後眞的很想成爲機師，就會繼續鼓勵他們上大學。正因爲他們都是從孩提時代將夢想當成專業能力加以培訓，所以可以從小就讓專業能力獲得成長。

美國就是用這種方法培育出優秀人才。他們的人才能完成自己想做的事，而且還能因此獲得鉅額財富。

雖然我所待的工學院被大家暱稱爲夢想成眞之地，但這不是因爲那裡能隨心所欲進行各種研究，而是那是一個能引發出各種機會的地方。

其實，我身邊就有一位大學教授靠著工學院的研究賺錢致富。有一次我出席那位教授的派對時，我眞的嚇了一大跳。因爲我是在不知道他的住家環境下拜訪他，當我看到他的豪宅時，差點讓我的眼珠子嚇到飛出來。以一般日本人的觀點來看，一個大學教授住在附游泳池的二十億到三十億日圓豪宅，是讓人想像不到的稀奇事，但這在美國卻是家常便飯。美國的這種現象，簡直會讓我們日本人脫口大喊「Oh My God ！」。

美國教育會發展學生的個性，同時也積極培育學生的眞正實力，而我個人的教育目標也正是如此。我希望這個夢想

能在不遠的將來中實現，所以才會為了這個目的開創全新的
研究計畫。

Note

博士後研究員（Post-doctoral researcher）

這是美國研究所以十人左右的成員為主力，來運作整個研究計畫的制度。而主
管階層的研究員想成為 Assistant professor（助教授）通常需要有擔任數年
以上博士後研究員的經驗。雖然日本也有博士後研究員的制度，但許多大學生
在博士課程修畢後，可以馬上以助手的身分受到終身僱用。其實這麼做只是將
美國的博士後研究員的表面制度導入日本國內而已。

在美國，博士後研究員的任期（通常以一年為單位，比較長期的則是兩～三年
做一次更新）依規定是在簽完約後正式開始採算。他們依資歷所作的分級如下：
研究生→博士後研究員→有實習經驗後，升格為 Assistant professor（助教
授，約三～五年的任期）→繼續累積實習經驗，升格為 Associate professor
（準教授，經過嚴格的審查後終身聘用）→升格為 Professor（教授）。

美國的博士後研究員制度認為，所有研究員在助教的階段上，就開始要有獨力
研究、獨力經營計畫的能力。但日本的博士後研究員制度基本上仍屬於講座制，
因此教授有廣泛的人事任命權，可以自由任命助教、助手、教師，所以在人才
的培養上容易產生私情重於實力的疑慮。由於日本的博士後研究員制度無法確
實培育專業的研究人員，因此中村教授才會認為這個問題值得提出來探討。

chapter 01

與其將目標放在
拿諾貝爾獎，
不如鼓勵學生冒險

我會成功的原因之一，
就是我不會忘記挑戰的精神。

一 代言優衣庫廣告的契機

去年（二○○一年）的十月中旬到十一月中旬時，我爲知名的搖粒絨（fleece）服裝品牌——優衣庫（Uniqlo）拍了一支電視廣告。也許大家一定會覺得很奇怪，爲什麼我這個既不是藝人也不是運動選手的無名小卒，會跑去幫優衣庫拍廣告呢？我猜很多人看到我上電視時，心裡也覺得「這個怪怪的大叔是誰」。由於我曾開發出藍色發光二極體，而且也和諾貝爾獎沾上邊，所以在我身處的領域中多少會有人會記得我的名字和長相。自從我獲得富蘭克林獎章這個等同於諾貝爾獎的殊榮時，我就發現自己的名氣多少變高了一些。

因此我接受了雜誌的訪談，也出了幾本書。但對社會上一般民眾來說，僅會覺得中村修二只是個隨處可見的名字。即使我爲了搶回專利權向日亞化學求償二十億日圓造成了軒然大波，又或者是一個擁有研發技術的研究者，但對一般人來說，我只是一個不知名的陌生人。

像我這個大家都覺得陌生的中年男子，突然在代表年輕時尚的優衣庫廣告裡冒出來，一定會讓許多人感到有些錯愕。

目前我已經遷居到加州的聖塔芭芭拉。由於我在日本的

研究生活中感到瓶頸，因此為了讓成果有所提升，當時決定在二〇〇〇年的二月前往加州大學聖塔芭芭拉學校擔任工學院教授。

但是有一天，突然有人邀請我幫優衣庫拍廣告。一經詢問下，才知道來電的是迅銷公司的人員，他們告訴我優衣庫的服裝品牌已席捲全日本。我一聽到優衣庫和服裝品牌兩個詞時，當下就覺得和自己完全沾不上邊。更何況最想讓我說抱歉的，就是當時我連優衣庫的優字怎麼寫都不知道。

雖然現在我正住在加州這個讓日本人憧憬的土地上，但我卻忘了自己是曾窩在四國德島縣的鄉巴佬。由於我將生活的重心放在研究上，因此平時要穿的衣物都會交給太座處理，可說是完全不理會時尚流行的中年人。然而，如今卻有人想找我這種人拍時尚服裝廣告，我接到電話時只覺得他們肯定是哪裡搞錯了。

因此我沒有立刻答應對方，而是先保留自己的回覆。當天回家後，我對家人們說了關於拍廣告的事。那時我說：「我是知道人家是優衣庫，也知道他們希望我幫他們拍廣告，但我就是不知道該怎麼決定才好。」

結果家人們的反應卻大大地超出我的想像。我三個女兒都對我說：「爸爸，你不知道優衣庫嗎？他們的搖粒絨布料

很有名，就連我都有在穿喔。」然後邊說邊把優衣庫的衣物拿出來給我看。她們接著又說：「拍優衣庫的廣告很帥耶，爸爸你一定要答應人家」。在此時，我便從閒話家常的狀態中跳脫出來了。

─ 如果反映不出自己想要的成果，就不會有工作的動力

所以我回日本後，立刻動身前往東京涉谷的攝影棚拍廣告。攝影團隊的人數大約是五到六人。當然，除了一定要有的攝影師之外，還有音響師、燈光師、服裝師、化妝師等成員。他們在現場以各自的技術分工合作，大約三個小時就結束了整個攝影過程。雖然當時大家沒有多說什麼，不過化妝師花較多時間幫我整理那亂糟糟的髮型，我猜當時應該讓他花了不少功夫吧？

由於我在那之後必須趕回加州，所以沒有等到廣告在日本播出時就先回到美國了。由於我沒聽說過觀眾對那支廣告的惡評，所以我想我至少有幫到優衣庫的忙吧？

但即使正式拍攝了，我還是無法解開為何偏偏選中我的

疑惑。直到我和那支廣告的負責人談了許多事後才豁然開朗。

其中一個原因就是，我有不滿足於現狀的研究態度。我開發藍色發光二極體至今，有著不對任何阻礙妥協的個性。雖然我這個研究員只是一個平凡的上班族，乖乖聽從公司的意見就持續當個十年左右的研究員，並且得以開發完成數種產品。但對此我卻無法感到滿足，這是因為我想讓自己的工作創造出更龐大的商機。不過，我這種觀念對其他普通的上班族來說，是一種沒有意義的想法。因為這種想法本身對個人沒有任何實質意義。不管個人再怎麼努力，日本企業就是不會對此給予回報，因為個人的想法對日本企業來說只是一種不重要的瑣事。由於日本企業的作風就是會吸收大部分的利益，因此區區一個上班族就算再怎麼努力，頂多只能拿到鼓勵用的獎金而已。我所控告的日亞化學就有這種日本企業常見的迂腐體制。他們雖然手握專利權，卻不重視負責研發產品的員工，而我也想糾正這種現象。既然自己研究出的成果不能照著個人的意思產生進步，那麼當然就不會有繼續研究的衝勁。我認為日本在製作產品方面，有很長一段時間跟不上世界的進步，就是因為日本有這種迂腐的體制。目前我向日亞化學求償二十億日圓（其實求償金額還有增加的可能

性），如果勝訴的話就代表技術人員和企業間的關係將出現逆轉的契機。所以我希望我的官司能就此終結企業奴役研究者、技術人員的亂象，甚至讓文書型的上班族在工作上的立場好轉起來。

正因為企業和上班族間的關係如此不公平，所以上班族才會沒辦法活化自己的工作表現。我認為如果真的為了組織著想，那就應該給上班族更合理的薪水。然而現實上，很多人卻只想靠著安定的工作維持生活，寧可終身當個平凡的上班族。其實，很多朝九晚五的技術人員都是這麼想，更不用說非技術人員的上班族了。

但我就不是如此，因為我追求的是進步，也追求拓展龐大商機的可能性，所以我討厭安於現狀。我要的就是能變得更進步的事物，所以我才會在完成藍色發光二極體的研究後，再度尋找另一片新天地。而這個新天地就是加州的聖塔芭芭拉大學，目前我認為在這裡就能尋得全新的進步。

所以，我不妥協於團體、執著於改善並取得進化的態度被優衣庫給看中。或許我這種積極進化的想法，讓研發搖粒絨布料的優衣庫深有同感吧？當然，大家都知道優衣庫是力求進步的企業，即使他們有一個暢銷產品，還是會認為從此一帆風順的想法只會讓自己停滯不前。唯有不斷地改良、

改善，讓產品的品質持續進化，才是比什麼都重要的觀念。而我所開發的藍色發光二極體在未來還是會不斷地改良，變得比現在還要更加進化。

　　而這個進化，我估計將在這次的世界盃足球賽中發揮極大的威力。例如崎玉、橫濱等許多球場中，觀眾都會透過現場的大螢幕看到色彩鮮明的選手，而藍色發光二極體絕對會成為這個場合中必備的利器。所以，我認為不滿足於現狀，時時想辦法進步才是最重要的觀念。

一 挑戰全新的架構才能創造成功

　　另一個吸引優衣庫的，就是我有百折不撓的挑戰精神。優衣庫這個企業以全新的戰略挑戰各種知名時尚品牌，才能讓自己取得跳躍性的成長。而他們不因循既有的常識和習慣，以大膽的手法、創新的態度架構出全新商機。

　　他們橫跨小賣店和連鎖通路，身兼生產與販售，時時展露出瞭解顧客需求的姿態，才能孕育出新奇並且獲得年輕世代壓倒性支持的優衣庫。

　　我認為只有挑戰全新架構，才能獲得龐大的成功。生活

在平凡無奇的常識框架中，無法讓人創造任何東西。如果一個人在生存方式上沒有半點創意，那還會有什麼意思呢？每天只能搭著客滿的電車上班，心不甘情不願地處理瑣碎繁忙的工作，下班時抱著這股怨氣在居酒屋喝完酒後再回家。我想反問大家，這種生活有辦法讓成功的種子萌芽嗎？有辦法孕育出豐富活潑的生活嗎？我認爲這種生活根本就不可能讓自己獲得成功。

然而，有些人明知如此，卻還是甘願過著朝九晚五的上班族生活，我認爲這更加證明了這些人是個碌碌無爲的膽小鬼。他們通常是因爲年功賃金制度❶和終身僱用制度的關係，所以才會姑息企業對他們爲所欲爲。所以他們認爲自己一旦被企業放棄，未來的生活就會失去保障。因此公司不論如何奴役他們，他們都會心甘情願地承受。只要企業拿著窗邊族❷和解僱這兩道令旗使喚著這些上班族，他們

Note
1

譯注：日本企業的員工僱用制度，員工的年資越高薪資也就越高。

Note
2

編注：指職場上不受重用的職員。由來是日本的公司常將這類職員，安排在辦公室靠窗邊角落的位置。

就會乖乖地窩在公司不敢吭聲。

可惜的是年功賃金和終身僱用制度，現在已經開始退流行了。目前很多上班族想按規定每年調漲薪水已是難以企求的好事。有朝一日坐上了管理階層，不但沒了加班費，而且連工作量也會跟著變多，像這種月薪反而變少的現象早已是見怪不怪。如果一個企業真的體貼自己旗下的員工，就不會讓這種情形經常發生。只要員工業績一變差，馬上就會被解僱的現象就是最好的證據。事實上終身僱用制度和年功賃金只是想要綁死員工的手段而已，但那些企業卻還好意思說，這些制度是基於關心、重視員工而訂定。

― 想試著創造物品的感受非常重要

當這些體制取消後，裁員的風氣便開始大行其道。由於企業在經營方面已經轉換想法，所以對員工的付出也不會太客氣。然而，員工的想法卻不會輕易跟著改變，所以只能用以前的態度繼續工作、繼續緊緊黏著企業不放。

因此我認為，上班族更需要趁現在跳脫公司的掌握，將實力和個性充分地發揮出來。而且也要將自己的基礎打好。

不用到美國精英的程度，但至少要回到日本以往所標榜的實力至上主義就夠了。如此一來，將創業當成志願的人也會開始變多，一旦帶出創業的風氣，就能助長上班族求進步的觀念。

我認為上班族就該有不怕失敗的挑戰精神，只要有積極向上的心態就能無往不利。還有最重要的就是，想要親手創造某種事物的感受。我會成功的原因之一，就是我不會忘記挑戰的精神。

而我也是因為這樣的精神，所以面對任何失敗都不會感到挫折，甚至在做任何事時還會產生自信心。至於如何讓自己產生如此自信和創造力，將會在本書的後面做個介紹。而這也是讓我在訴訟中能夠纏鬥到底的動力。其實，這次的訴訟也算是我人生中的挑戰之一。

而這個環繞著二十億日圓的騷動，也是一個全新的起點。因為這二十億日圓的提告，也要繳納五百萬日圓的印紙稅。如果要求一百億日圓，就代表還會花上兩千五百萬日圓。由於我是以個人的身分提告，所以照這種方式計算的話，我就會在正式抗戰前破產。這次官司的支出我個人是以二十億日圓為限度，勝訴的話有機會增值到一百億到兩百億日圓。而且我現在不是只有爭取一件專利權就能了結，

打完這次的官司後還會有大約一百件專利權必須興訟。所以我的官司才會一直延續至今。而這也是因為我有不斷纏鬥的精神，以及不將挫折當一回事的想法。

一 以精英政策畫地自限的日本企業

雖然有點偏離話題，不過我認為自己有三個將活動範圍主要設在國外的理由。而且連優衣庫也是從在英國大舉展店後，一口氣在國外成為知名品牌。據說優衣庫在這個秋季將會到上海展店。我認為只要是受到大家信賴的商品，其客群就不會局限於國內。既然全球化是世界的潮流，那麼日本企業就更該積極拓展海外市場。

當然，不只是企業必須如此，我認為每個人也應該試試自己的實力和能力，積極朝海外發展。而藍色二極發光體的開發過程也是經過深思熟慮後，以世界級的規模來進行研究。從我個人的經驗來看，我認為日本人對事物的看法很狹隘，常會用老大帶小弟的觀念，或是靠一流的頭銜和學歷去局限個人的想法和行動。當然，日本這樣的風氣會讓國內人才外流。反觀國外，學校不會凡事都以教授的意見為主，

因為他們沒有老大帶小弟的體制，他們也不需要凡事都先經過上級同意才能作決定。在他們的觀念上，也不會因為你是一流大學、一流企業出身而過度禮遇。

你甚至可以說，國外這種環境適合挖掘出個人的實力與能力。而且如果你真的很有實力，有辦法做出成果，不管你是哪裡來的鄉巴佬，都不會被大家介意。

而日本則是完全相反。從企業、研究所的徵才階段開始，就已經將精英政策視為絕對的條件。很多情形下，他們的徵才條件都是非東大、京大學歷者不用。你甚至可以說，這種學閥般的風氣充斥了整個社會，至於研究成果、實績則被他們放在第二、第三位。不對，或許他們根本不會放在眼裡。

將這種體制當成傳統一樣代代相傳，結果很多團體從上司開始算起，淨是一群無能的人。還有就是企業還會讓空有管理能力卻沒有研究能力的人管理大家，這種極為糟糕的人事管理讓有實力、有創造力的青年研究者有志難伸。青年研究者有彈性的思維，能將豐富自由的創意化為新穎的開發建言，然而日本企業的上司對此只會不理不睬。身為舊弊的上司，看到青年研究員，就像是看到新新人類，完全無法理解青年的想法。所以上司們對於提案，通常會用時機還未成熟

或不符合公司主張的理由搪塞。就在上司無法理解青年的想法下，很多特地研究好的提案就這麼不了了之。這就是日本團體的作風、傳統，所以許多有志之士因此無法一展長才，當然就將發展目標放在國外。

另一個問題，就是日本企業之間很重視齊平式經營。結果我們的企業在害怕失敗，不想強出頭承擔風險的環境下，大幅輸給美國企業不怕風險、追求高投資報酬率的精神。也因如此，每次日本終於發覺美國的各種進步時，就會開始爭相模仿美國的經營方法。但不管是如何模仿，都證明了日本企業沒有先見之明。

正因為齊平式經營和沒有先見之明，才會讓日本企業產生閉塞的特性。所以就算員工有上進心並且坐領高薪，日本企業在整體上還是不會有太大的進步，而上班族對此也往往會像是頓悟了一般，產生目空一切的處事態度。

而我個人體驗到的結論，就是沒有先見之明的公司、上司，只會全憑組織的名義行事。他們陰險的心態裡就是認為以近朱者赤的手法，可以染指所有清白的老實人。普通的上班族面對如此體制的壓抑又會如何呢？也許在我們的周遭早就有許多人被這種體制打擊，但我卻很少聽過上班族對此抱怨，而且他們也幾乎沒有因為憤慨而造就出成功的故事。

　　我想是因爲上班族們已經接受了公司、上司的陰險心態，甘願讓自己被企業染指，選擇了忍受企業的剝奪，此生像個鴕鳥一樣把臉埋在土裡。

　　但我和他們不一樣，我不會就此逃避。面對公司的方針，我勇於對抗。所以我才能開發出藍色發光二極體。

　　也許從公司的眼中看來，我就像一隻專搞破壞的怪獸，是個很討人厭的存在，但我可不想就此被公司給埋沒。所以我才會照自己的方式發揮自己的個性，直到否極泰來進而獲得成功。

　　在當時的過程中，我發現日本的組織，會限制住個人的能力、個性。所以在開發完藍色發光二極體後，我決定到國外發展。因爲即使我能開發出藍色發光二極體，但依照日本企業體制往後的研發計畫，還是會無法順利進行。而且對於後續的研究我也有自己的想法，所以到美國才能配合我自己的個性。正因爲我能貫徹自己的個性，所以才會有現在的成功。可惜以日本企業的體制來看，通常是不會認同我的作法。因爲如果認同我個人的作風，就等於是否定屬於組織的大我。但我爲了能充分發揮自己的個性，並且讓研究順利進行，我不得不和這個名爲組織的怪物正面交鋒。我想以後還是會受到他們的騷擾，因爲我早就摸透了他們陰險的性質。

現在我對他們那些無聊的行徑已經感到很厭煩。與其花時間去應付他們，還不如把時間用在自己想做的事上。因為我不想隨著他們無聊的行徑起舞，只想好好地進行研究開發，所以才決定前往加州。

在美國加州，我個人的立場不會被日本的腐敗體制給局限住，我不但可以自由發揮自己的個性，還能讓全世界知道我的成果、實力。

其實，從我開發藍色發光二極體以來，只有在美國的這段期間能讓我感受到世界的矚目。當我跨越日本體制的框架後，全世界反而為我提供了大展身手的舞台。反觀日本又如何呢？他們還是照樣無視於我的存在。對他們來說，一個出身德島的鄉巴佬不該有所成就。老實說，我的成就被日本忽視或許是一件幸運的事，因為這反而促使我尋得加州這片新天地，讓我得以活躍在世界的舞台上。在世界的舞台上發光發熱正是許多企業的夢想，而我卻以個人的身分實現了這個夢想，想必優衣庫正是看中了這一點。

── 以新技術創造出新發明和新商機

　　雖然優衣庫沒有說，不過我認為他們找我拍廣告的理由還有一個。那就是我成功反抗知名大企業的姿態和優衣庫的成立頗為相似。

　　而且有趣的是，不只是我出身鄉下地方，連優衣庫原本也是從鄉下地方發跡。據說優衣庫本來是山口縣宇部市的服飾店。他們在經過各種歷練後，漸漸成長為東證的部分上市企業。至於我出社會的地點則是德島縣中一個叫做阿南市的小鎮，所以就起頭的背景來看，我和優衣庫確實有類似的地方。還有，雖然這只是我個人的想像，不過一個鄉下地方的小公司能成長為如此龐大的企業，想必是歷經了千辛萬苦吧？

　　要是他們沒有想盡辦法消除和大企業的競爭壓力，試著逃離知名品牌的掌控，那他們就不會有其他的活路了。要是輸了的話，也就只有被大企業吸收的份。

　　那麼，想不輸給知名大廠並且讓自己逐漸成長，最需要的方法是什麼呢？答案就是大企業所沒有的創造力和改變既有觀念的彈性。有了這兩種利器，就能開始著手完成 Unique（獨特）的商品。優衣庫的全名是 Unique Clothing

Warehouse，正如字面意思，他們有實力創造出不輸知名大牌的服裝品牌。

而我也一樣，靠著獨特的方法，成功地研發出世界級的產品。這不但是知名大企業絕對無法辦到的方法，也是顛覆一般想法的作為。

即使你不斷重複操作既有的方式，也不會產生有獨創性的新奇事物。想創造出全新的事物，那就必須要有全新的想法、做事方法，以及隨時保持積極的心態，我認為只有勇於挑戰新事物的人，才可以讓自己獲得進步，然後再獲得成功。

我在開發藍色發光二極體時，也掌握住屬於自己的成功之道。而這個成功之道，不管是東大、京大，還是知名企業裡研究所畢業的精英，都是他們從來沒有觸及過的領域。所以就這一點來看，我認為自己的成功經驗很適合一般的上班族參考。你不需要學歷和名號，也可以獲得莫大的成就。我相信自己就是這種成功經驗的代表人物。所以我很希望大家可以試著瞭解我的成功哲學，同時我也希望大家能知道社會上難免會出現阻撓你成功的人，或是在你身邊虎視眈眈的人。還有，我也想讓大家知道造成那些阻撓的原因為何。

另外，我認為日本往後的主流發展方向非製造業莫屬。

即便只是多一個人也好，我很希望有人可以跟我一樣能意識到今後的日本經濟必須仰賴製造業。

目前我在美國開始了讓自己更上一層樓的生活，雖然提升藍色發光二極體使用效率的研究必須繼續下去，不過這方面的領域我認為自己已經做完能力所及的部分，所以我打算開始進行全新的研究。對我來說，研究「新的東西」還是比較有魅力，而且我也不想覺得自己在模仿別人或追著別人的屁股跑。老是照本宣科無法讓我在過程中感受到魅力，同時也不符合我的個性。

其實，即使是諾貝爾獎，我也難以感受到其中的魅力。當然，有幸接受諾貝爾獎真的很令我高興，但事實上我卻沒有被諾貝爾獎的名號所迷惑。比起諾貝爾獎，學生們新的技術、新的發明對我會更有魅力，因為這也等於是一種創業。

在我所待的加州大學聖塔芭芭拉分校中，就有兩位獲得物理、化學諾貝爾獎的人。但學生們尊敬的教授不是他們兩人，反而是勇於創業成為上場企業，並且賺進數十億、數百億日圓的教授。

所謂的獎，就是從他人的手中接過，是一種接受他人施予的物品。而自己沒有辦法拒絕授獎，這在某種層面上算是被動的態勢。相反地，創業則會讓自己處於非做不可的狀

態，而其中的成果能靠自己的能力、實力打拼出來，所以可以讓人處於主動的態勢。由於我個人比較喜歡這種主動為之的狀態，所以比起得諾貝爾獎，主動規畫出創業目標，才能讓我有動起來的感覺。

好上班族
不當工作的奴隸

上班族畢竟是人類，而身為一個人類必須要擁有屬於自己的尊嚴、個性及自由。但如果想當個此生一帆風順的上班族，就會失去這些身而為人該有的特性。

一 足以產生巨大市場的白光燈泡

二〇〇二年二月的加州大學聖塔芭芭拉分校，我成為發光二極體研究中心的所長，並且展開了次世代白光燈泡的開發計畫。如果這個開發計畫能夠成功，將會出現足以取代日光燈的革命性燈具。若是能更進一步量產，未來也能取代所有家用燈具。即使這項發明只會影響到照明方面的科技，但只要能在市場上獨占這項科技，甚至有能在商業領域中賺進二十兆日圓的潛力。換句話說，我所著手的這個開發計畫幾乎是燈光界中的革命。

那麼，我將要開發出的這種白光燈泡又有何驚人之處呢？那就是他的消耗電力是以往日光燈的二分之一。另外，這種白光燈泡的使用壽命還可以超過二十年。

我的研究團隊預計在五年內掌握這種白光燈泡的基本研發技術，雖然上市後的定價目前還未決定，不過這個超大型的研發案已經有羅姆電子等公司贊助。連三菱化學和美國的藍色發光二極體大廠——CREE公司，預計也會加入贊助的行列，所以未來總共七間贊助公司的贊助金額加起來將會高達三億日圓。這是因為他們看中這項新產品將會有二十兆日圓的市場，所以這點贊助資金能確保他們在未來賺

回更多的錢。

我們開發的燈具不但交由數間公司量產，而且還能提供技術給燈具製造商，而製造商將會運用各自的技術並將白光燈泡投入市場。到了這時，包含住家等所有場所的燈具將會相形失色。我們所開發出的新世代燈光，即將照耀全世界。

一 化不可能為可能的發光二極體

這項開發可說是「光源革命」中的一小步。自從開發出藍、綠色發光二極體和雷射以來，燈具的研發在技術上已經出現了各種變革。對一般人來說，雖然這是很難發現到的變化，不過在專家的眼裡卻是顯而易見的改變。

例如，前文所說的世足賽等大規模運動場地、搖滾音樂會上，只要是這類場地中有大型電子看板，就一定會使用藍色和綠色發光二極體。雖然對於一般觀眾來說，眼前所見的不過只是巨大的電子看板，但要讓如此大的電子看板放映出色彩鮮明的影像，以往的技術其實沒有辦法做到。然而，發光二極體的問世使當年無法實現的技術成真。

其他還有高輝度的紅色發光二極體，可專門用於汽車車

尾燈。這種技術在歐洲不但有六成以上的車子採用，而且連富豪汽車、福斯汽車的車內燈也開始裝上白色發光二極體。

還有比較貼近每個人生活的手機背光光源，那也是使用藍色發光二極體。最明顯的就是新幹線和街上的電子看板、電子新聞螢幕，也應用了發光二極體的技術。所以在新幹線的車內，你可以透過電子看板看到「這裡是○○新聞，以下是明天的天氣。東京晴時多雲、大阪多雲偶陣雨」或是「目前即將到達掛川車站」等等。也許你平時看到這些訊息時，會覺得那只是一群閃閃發光的文字在電子看板上掠過而已，不過這些東西所運用到的科技，就是實實在在的發光二極體。

如果你再仔細觀察這些電子看板，你還能知道那是一群「小小的燈泡」以有規律的方式交互閃爍，使文字看起來像是跑馬燈在移動一樣。雖然這只是小燈泡不斷地交互閃爍，但對我們的眼睛來說，只會看到文字在電子看板上移動過去。而這種不斷地交互閃爍還能保持文字結構的技術，正是舊世代燈具所無法達成的技術。以往的燈泡如果想要瞬間發熱就會燒掉，而發光二極體正是這種化不可能為可能的全新照明技術。

一 發光二極體劃時代的理由

我們都知道發光二極體和電燈泡、日光燈的發光原理不同，那麼在原理上的不同點又是什麼？簡單地說，發光二極體是在通電後不產生熱量，直接達到發光狀態的燈具。

由於光可以藉由燃燒物體而產生，因此愛迪生應用這項原理，發明了白熾燈泡。不過他發明的電燈泡不是透過燃燒物體而產生光，而是透過電流發熱而產生光。因此就當時來看，他這項發明是劃時代的產品。

但如果物體燃燒殆盡，就會無法發光，而且這種發光方式的壽命也不長。雖然他的電燈泡是透過燈絲發熱來達到發光效果，但燈絲畢竟還是會燃燒殆盡。換句話說，雖然燃燒燈絲能產生光源，但同時也會因為燈絲燃燒殆盡而使光源消失。這就是發展燈絲發光技術上的兩難。

不過，愛迪生後來靠著出乎意料的獨特想法，將這個問題給解決了。由於物質想要持續燃燒，就必須有氧氣的作用，但既然燈絲會因為氧氣而燃燒，那麼讓燈泡內部與空氣隔絕，使燈絲在真空環境下發光就行了。

就這樣，不用燃燒物質，只要讓電流通過並且發熱、發光的照明技術就在當年研發完成。愛迪生所發明的電燈泡會

被稱為白熱電燈泡（或白熾燈泡），就是因為靠發熱來產生
光源。後來，愛迪生也用相同的原理研發出日光燈。

　　而發光二極體則是在通電時不讓熱能產生，是將愛迪生
那個原本被大家視為理所當然的理論再度轉換一下而已。若
是沒有現代進步的電子工程學和半導體技術，那就不會產生
出發光二極體這個劃時代的全新發明。那麼，不讓燈具因電
流而產生熱量的技術為何會很重要呢？

　　原因之一如前文所述，這麼做是能大幅延長燈具的使用
壽命。另一個原因則是電量的消耗也會因此變少。家用日光
燈雖然熱量較少，但只要數個月就會開始變暗，甚至必須
更換新的日光燈。然而我正著手開發的白光燈泡使用壽命
預估能達到二十年，在使用時間上明顯比日光燈還要長壽。
再加上通電後的溫度也幾乎不會上升，其消耗電量更是日光
燈的二分之一。單是瞭解到這些不一樣的特點，就知道目前
研發中的白光燈泡是劃時代的全新產品。

― 能收錄高密度、大容量情報的發明

　　發光二極體甚至可以大幅改良電視機的研發技術。目前

的電視機是將紅、藍、綠三原色的電子光束照射到映像管上，藉此產生出各種顏色。不過，若是利用發光二極體的功能，那麼只需要通電就能直接發光了。如此一來，我們不但可以擁有又大又美麗的電視螢幕，而且還能將電視的體積變得更輕薄。耗電量不但會變低，而且使用壽命也會變長，甚至在價格上還會變得更便宜。一旦我們將這項技術應用化後，就能在市場上產生不可限量的價值。

另外，美國軍方目前的飛機室內燈、儀表板上的照明，已經開始使用白色的 LED 燈。在以前，美軍這些物品上的燈光會因為電壓的關係而讓燈泡破裂，因此常常造成意外事故。此外，日本的小學也常發生日光燈管破裂進而傷害到學生的案例。這是因為真空管技術會使用到玻璃容器，所以這類事故可說是屢見不鮮。更何況美軍飛機駕駛艙上的儀表板一旦發生這類事故，就會連帶發生墜機意外。

如果是不使用真空管的發光二極體，就不會有使用玻璃容器的缺點。因此現代飛機的室內燈、儀表板上的燈光目前都改換為發光二極體。連日本自衛隊的飛機夜間跑道上的顯示燈，現在也改換成白色發光二極體。

所以，發光二極體的應用已經達到無遠弗屆的規模。事實上，相關的應用開發目前還在不斷進步中，甚至出現半導

體雷射等廣泛的應用化領域。

　　例如 DVD，其全名爲數位多功能影音光碟，這種儲存媒介可說是次世代的 CD。由於 DVD 的容量密度比以往的 CD 還要大，因此能儲存大量資料的 DVD 最需要靠半導體雷射來進行讀取。因爲想讀取 DVD 的大容量資訊，半導體雷射就能達到如同「唱針」一般的功能。而想要半導體雷射成爲可以讀取出大量資料的工具，那就要有製作出短波長雷射光的技術。這也是我爲何率先開發出紫光雷射的原因。因爲未來將會出現大幅提升 DVD 單位面積中記憶容量的技術。簡而言之，原本只有一部電影容量大小的 DVD，將可以一口氣紀錄五部電影之多。一旦這些相關技術獲得發展，未來就能在市面上看到以單片光碟販售的貝多芬交響曲全集。當然，我相信這日子的到來已經不遠了。

─ 半導體雷射就是一支「魔法杖」

　　半導體雷射甚至可以應用在戰略兵器上。由於現代的飛彈管制全部以電腦爲主，所以電腦的性能優劣，將決定戰爭成果的好壞。而電腦的數據紀錄可以使用 DVD 作爲儲存媒

介，因此若是讓相同容量的DVD可以儲存原來的五倍容量，那麼這樣的電腦就有壓倒性的優勢。而這一切只要順利開發出藍色短波長雷射，就能達到如此完善的效果。

另一個戰略性兵器的重點就是速度。雷射可應用於飛彈的引導、測距裝置，或是潛水艇的通訊等。例如使用飛彈時，可以靠雷射照準戰車等目標物。一旦雷射照準到目標物後，反射光回傳到飛彈頂部的光源偵測器，就會讓飛彈自動瞄準目標物。換句話說，這種機制可以讓飛彈瞬間發射，直接略過既有的第一階段、二階段發射步驟。當武器可以達到如此快捷的使用速度後，那麼在戰場上將會展現出壓倒性的優勢。而藍色短波長雷射確實能達成如此功效。一旦靠雷射引導的飛彈在發射速度上能出現更高階的發展後，那就更能產生出決定性的戰功。

接著就來討論潛水艇的通訊。由於地面上的電波難以傳到海中，因此以往的潛水艇通訊是一門很困難的科技。由於海水的顏色為藍色，因此其他顏色的雷射無法順利達到通訊的效果。不過要是研發完成藍光雷射後，將會瞬間改寫原本的通訊科技。這是因為藍光雷射在水中的電波傳導特性比其他雷射還要好。

至於一樣是藍色的宇宙空間裡，藍光雷射也適用於衛星

間的通訊。所以半導體雷射正如文字敘述所言，是一個可以拓展未來的魔杖，我甚至可以預見這種技術會是讓將來邁向高速通訊時代的最佳利器。

─ 藍色 LED 燈是邁向光時代的鑰匙

如果我的預測準確，那麼二十一世紀將會是光技術的時代。未來將會從二十世紀的熱時代轉變為光時代。例如以前的化學知識讓我們知道，加熱可以產生出熱化學，所以靠著溫度上升的特性，我們能方便製作物品。不過這種方式也會因為熱度的變化而讓物品產生不可逆的損壞。換言之，以加熱的方式製作物品是一種各有利弊的雙面刃。愛迪生所發明的白熾燈泡，就是典型的應用熱度變化而製成的物品，也因此愛迪生才會成為二十世紀最偉大的發明家。不過，愛迪生終究無法克服熱度對物質產生的破壞，所以透過加熱製作物品雖然方便，但卻不是最理想的選擇。

當利用光的技術越來越純熟後，我們所製造的物品又能有何種進步呢？如果我們能善用光的特性和工具，就有辦法阻止物品因加熱而產生的破壞現象，甚至還能利用光的傳導

速度來使用各種物品。因此我認為二十一世紀是屬於光的時代。更不用說，善用光的技術還能製造出可略過加熱過程，並且直接讓燈具發光的發光二極體。

　　雖然邁向光時代的道路是如此地廣闊，不過這種技術早在十年前就已經被學者們發現。發光二極體的英語是 Light Emitting Diode，簡稱 LED。而紅色發光二極體是在四十年前完成，然而藍色的發光二極體一直無法研發出來，因此這個以光來製作物品的技術一直處於不完全的狀態。

　　我們都知道光的三原色是紅綠藍，所以當發光二極體能開發出這三種顏色後，就能讓使用者配合出任何想要的顏色。因此想要讓發光二極體在市場上取得價值，就要讓光的三原色備齊。雖然紅色發光二極體很早就已經成功研發出來，但即使是有名的學者或大規模的研究所，在耗費巨資下仍無法研發出高彩度的藍、綠色發光二極體。

　　所以，藍、綠色發光二極體就像是正式開啟光時代的鑰匙，驅使全世界的學者、研究所、企業爭相研發。只是，當年的他們再怎麼開發，都沒辦法製出鮮明且持久的藍、綠色發光二極體。也因為這樣，藍色發光二極體的製作一直被大家認為是二十世紀難以成真的發明。

一 和諾貝爾獎有緣的男子

這個在德島的鄉下發跡，能不借他人之手，靠自己化腐朽為神奇的人就是我。一九九三年我在德島的日亞化學工作時，使用氮化鎵的半導體成功研發藍色發光二極體。這種產品的研發完成，讓許多棒球場得以使用美麗的全彩大銀幕。後來在一九九九年，藍色和紫色的半導體雷射也正式應用於各項產品，於是大容量的影碟、DVD 商品開始量產。

《紐約時報》當時還大肆報導「一位出身日本的發明家走進了世界大企業」。美國的尖端科技企業 IBM 也讚嘆藍色發光二極體是「值得大書特書的發明技術」，而惠普公司也說「中村先生已經是這個領域中的領導者」。

現在就連高中生也知道，發明出藍色發光二極體是震驚全世界的創舉。

由於我有這項成績，因此我不僅是一名朝九晚五的上班族，同時也是平成七年時的櫻井健二郎紀念獎、平成八年仁科紀念獎、大河內獎的得獎者。後來，得到平成十一年高柳紀念獎後，我便辭去公司的工作並前往美國發展。接著，平成十二年時我又得到了本田獎、朝日獎。平成十四年時，美國的富蘭克林協會也頒發富蘭克林工學領域獎給我。

其中，富蘭克林獎可說是美國版的諾貝爾獎，以往的日本得獎者有江崎玲於奈、有馬朗人，還有日立製作所中開發電子光束全像術（electron beam holography）的外村彰。當然，許多人都知道江崎也有得諾貝爾獎，而我也因為一九九三年研發完成的藍色發光二極體而獲頒美國版的諾貝爾獎。因為藍色發光二極體的完成，可說是全球引頸期盼的發明，同時也是全世界獨步的創舉。

正因為我發明出藍色發光二極體，世人為我取了「藍色專家」、「藍色魔術師」的外號，我甚至因為完成劃時代的發明，還被大家稱為「跟諾貝爾獎最有緣的人」。

— 不求進取的日本企業

雖然如此，但當年的開發現場卻不像現在我取得的成果一樣光鮮亮麗，甚至可以說發明過程一直處於悲慘的狀態。因為即使我的實力能在大企業上班，但德島縣那個鄉下小公司卻是完全不適合研究員進行研發工作。

當年日復一日地窩在研究室研發產品，現在想起來都覺得自己像是陰溝裡的老鼠四處亂爬。雖然我當時過著悲慘的

上班族生活，但成功研發出藍色發光二極體後，我的想法也開始出現決定性的變化。那就是想要成功，就要有讓自己產生實在感受的手段。我這種想法和日本企業的作風恰好相反。不，以往的日式作風根本就會把個人局限於小圈圈中，結果現在讓整個日本跟不上世界的變化。我認為現在的日本，不但稱不上是技術大國，甚至比普通國家還要差。對此，我在開發藍色發光二極體時頗有切身之感。平成十二年時，在我成為美國加州大學聖塔芭芭拉分校工學院教授後，當我接觸美國研發產品的體制，以及企業、大學對研發環境的探討後，我再度確認到自己的想法是正確的。

美國在很久以前就知道企業的研究開發技術，能讓國家發展取得重大的進步。因此他們積極打造一個可以培養獨創性和個人能力的環境，所以他們也才能產生出有別於其他舊有企業的微軟、雅虎等新企業。

反觀日本又是如何呢？在製作物品方面，日本雖然曾超越歐美，然而經營環境不但一直沒有改變，就連跟上世界變化的腳步也很慢，而且決定變化的決策全仰賴組織的裁示。所以日本大多數企業無法像優衣庫一樣，可以生產屬於自己的創意，結果讓支持日本進步的製造業開始走向末路，並且讓全國失業率攀升到六％。現在我國的製造業技術甚至還被

中國和台灣追上，即使我們是經濟大國，但實際上卻是以老舊體制經營外強中乾的企業生態，而這也正是為何我會認為日本無法撐過國際化潮流的原因。

如果日本無法跟上世界的腳步，那就只能讓國內的中小企業當個地方上的土霸王。如果企業沒有活力，那我們的國家就會在二十一世紀邁向衰退。我認為二十一世紀是充滿變革的年代，因此企業和國家必須要有隨時適應變化的彈性。

然而國內企業卻依然保有大老爺的心態，所以一直都不求進取，只會羨慕美國的進步。而韓國、台灣、中國這些開始在製造業上邁向國際化的國家，看到日本企業後只會覺得日本的經營環境古怪又可笑。因此，我才會大聲疾呼日本目前的處境非常危險。

我現在已經移居美國三年，從國外的角度觀察日本後，我非常能理解美國為何會擔心日本的發展，甚至還有很多美國人都想問日本企業究竟是出了什麼毛病。

一 日本放棄製造業與青年面臨的問題

日本最嚴重的問題就是不再嘗試研發新產品。在中國、

台灣追上我們前，如果我們放棄以製造業立國的方針，那麼日本的發展就形同邁向末路。我認為日本應該全面將資金、人才投入研究開發當中，讓日本成為以製造業立國的國家。

所以日本企業必須拋棄以組織為重的觀念，因為這只會扼殺具有獨創性的思考。在我還是上班族時，就已經被這種觀念禁錮。然而我能以上班族的身分開發出藍色發光二極體，就是因為我當時跳脫出組織的抨擊。關於這一點的詳細內容，我想留待後文再來解說。我認為一個人即使出身大企業或知名大學，也絕對不會產生出獨創的想法。在日本企業的環境下，就只有把「永遠的上班族」奉為圭臬的機器人會想繼續窩在裡面。我認為他們只不過是由一群可悲的人所組成的集團而已。

現在的日本企業無法對應時局的變化，這不但會造成嚴重的後果，而且也只會養出一批只能適應公司體制的人。這些人要是成為讓日本亡國的禍端，我看也是在所難免。但遺憾的是，現在的日本年輕人卻將這種足以讓日本亡國的觀念當成畢生的志願。

我認為年輕人應當擁有人生中有活力的思維。這種階段的年輕人可以開創美好的未來、拓展未知的世界，有實力獨立闖出一片天。對他們來說，成功的機會可說是到處都有，

只要自己願意跨出一步，就能一手抓住美好的夢想。只是，現今的日本年輕人卻將這樣的動力用於擠進大企業上。

　　年輕人的特徵就是，能夠站在時代的尖端，對許多新奇的事物覺得敏感。不過也因爲這種特徵，所以才會被光怪陸離的日本社會批評爲異端，或是被嘲笑太過年輕氣盛。但反過來說，正因爲年輕人會有適度的破壞行爲，所以我們的社會才會覺得年輕人太過衝動。但在年輕人的體驗當中，他們可以有無限的可能性，而這種可能性甚至能產生出豐富多樣的未來。也許他們在過程中會有一些失敗和挫折，但這些都會成爲拓展出成功的契機。我認爲讓所有大人正視這樣的習性，才會理解年輕人爲何勇於冒險。

　　但現在的年輕人卻放棄了這些權力，只希望自己像個老人和十幾年前的上班族一樣得過且過。

— 優秀的人才該將目標放在創業上

　　當年輕人到了就職的年紀時，**趨向現實的觀念就會開始浮現**。所以前往大企業上班就成了每個年輕人的夢想。即使就業趨勢會隨著行業種類、年代的不同，而出現各種變動，

然而大部分年輕人的志願依然會把進大公司工作視為畢生志願。當然，他們對於出過問題的企業或夕陽產業也會很敏感。雖然這點很像年輕人應有的特色，但他們卻將力氣用於讓自己找到從此一帆風順的工作上。也因為許多人只求生活上的安定，所以能確保員工衣食無虞的知名企業就越來越有人氣。

很多人也會因為自己能擠進頗具威望的大企業，就開始展現出趾高氣昂的態度。就像整個企業的名聲已經連在身上分不開一樣，逢人就會講起自己是知名大企業的員工。從另一個角度來看，他們自以為尊貴的身分說不定也算是一種事實。因為當他們進了公司後，為求生活安定會讓自己和公司的迂腐體制沆瀣一氣。畢竟只要能緊密地和大公司配合，就能確保往後的人生一帆風順。至於其他中小企業會有什麼樣的生態就不想管太多，因為只要知道能進大公司就是比別人還要行就夠了。

如此迂腐的人生觀實在是讓我瞠目結舌，他們這種想法實在是既傲慢又膚淺。就是因為現在的社會有太多這種年輕人，所以從企業到整個日本社會都失去了上進心。

現在日本的年輕人大多有這種得過且過的心態。我認為大家必須知道此生一路順遂的志願，不但無法創造出全新的

事物，也無法讓日本在國際社會上取得競爭力。

　　這種只會拼命依附大企業的人，在美國會被大家歸類為無能、沒魄力、沒創造力的傢伙。因為這些人沒有付出任何貢獻，只會直接進公司當個事事太平的員工。對美國人來說，這種平庸的員工沒有資格參與企業的經營，在社會地位上是一種失敗者。美國的企業人認為能參與經營團隊並領導眾人賺取利益的人，才稱得上是企業人中的企業人。這種人做事不會基於命令或工作的需要，而是憑自己的意志和能力展開行動，所以才容易取得鉅額商機。靠自己的實力不受他人影響，並且從全新的領域中拓展商機，正是所有年輕人應該懷抱的夢想。

　　當一個人無法實現自己的夢想，只會想盡辦法擠進大企業，就代表他對自己沒有信心，等於是對外宣告自己是沒實力實現夢想的弱者。所以美國企業徵才時，要的都是有能力、有自信的優秀人才，而不是請一個只想當平凡員工的弱者。

　　在美國，要成為一個優秀的人才就要有勇於創業的精神，所以美國的青少年會從就學時開始試著創業。例如比爾蓋茲，他被哈佛大學退學後，便成立了世界知名的微軟電腦公司。如果他當年按照日本的觀念，乖乖唸完大學後再到公

司上班，那麼現在的世界上不但沒有微軟，也不會因為比爾蓋茲的努力而讓電腦產業在短期間內長足進步。就是因為像比爾蓋茲這樣的人，不會讓成功的機會白白溜走。他們為了實現創業的夢想，平時會睜大雙眼不放過任何絕佳的時機。

─ 當一個「永遠的上班族」已經過時了

許多美國年輕人和比爾蓋茲一樣，在學生時期就將自己的志願放在創業上。據說現在的哈佛大學宿舍裡，越來越多學生利用電腦來創業。而我因為發明藍色發光二極體而成名，所以也開始負責指導對發光二極體有興趣的學生們。不過，日本學生還是停留在畢業後想辦法擠進入知名企業的思維。至於美國則是有半成以上的學生想要自己創業。美國學生會有這種傾向，原因就在於他們瞭解自行創業能測試自己的實力。而且在成功創業後，還有機會獲取鉅額財富。如果你想在美國出人頭地，那麼將創意和實力合而為一，就可以為自己打下未來成功的基石。只要有實力，在職業上就不會只想當個普通上班族，會想讓自己一路走來都是卓越超群的領導者。

　　當然，自行創業確實有一定的風險，難免會處於一翻兩瞪眼的抉擇上。就像之前日本流行的「高風險、高投資報酬率」一樣，自行創業的背後常會伴隨著這種性質。雖然有的創業故事會強調在零風險的情形下賺取利益，不過那種故事誇張到不足以採信。也許有人會認為該將眼光放在低風險高投資報酬率，但這種玩票性質的觀念還是不值得推廣。而賭馬或賭船之類的博奕雖然很有趣，但這種興趣領域內的活動無法當成工作。所以，想要有高投資報酬率，就該把所有心思放在高投資風險的工作上。而你也為了能獲得勇氣與實力，開始產生不輸給他人的獨創性。

　　只是日本人有討厭高風險的傾向。或許這是因為日本以前是農業社會，所以不論任何事情都會認為一步一腳印地確實執行，才能有圓滿的結果。

　　這種觀念確實多少能讓日本獲得進步。日本人彼此間的信用經營，長期下來可以確保日本處於繁榮的景氣。所以我們的企業習慣，任何事情都要透過組織高層一一裁決。不管是何種經營上的意見，都要讓內部所有單位看過一遍公文，而且為了確保所有人的意見一致，還必須花上好幾天開會討論。在用掉許多沒意義的時間多費唇舌後，結果在執行上，卻用各種但書來限制計畫的進行。而我們的企業還自認為這

種作風既然可以用於日本國內，當然也就能拿來和國外打交道。在國際化的潮流上，日本企業這種冗長無用的行爲只會讓自己作繭自縛。

日本比外國還落後的理由之一，就是我們的企業不重視實力與能力，而是將頭銜和地位當成評價員工的基準。這種只講究虛名的作風，助長了進大公司取得名聲後，就能從此一路順遂的觀念。

然而國外企業不會將你的頭銜當成談生意時的標準，他們看重的是一個人在工作上能發揮出什麼樣的實力和能力。所以當國外企業知道日本的大企業只會圈養一群只想從此一路順遂的上班族時，當然就不會把日本的企業人看在眼裡。因此我認爲日本社會現在就該立刻拋棄「永遠的上班族」觀念。

以美國人的觀念來看，一個想在大企業中平步青雲的人，就要有獨力完成夢想的能力，否則就只是一個無能的傢伙。他們認爲一個年輕人只會向他人誇耀自己在大企業工作，無異於對外宣稱自己無法獨立自主，是個只能依賴大公司過活的平庸之徒。

對這種人來說，想擠進第一志願和知名企業就只能靠努力用功讀書，所以他們的人生除了讀書之外就沒有別的。

我認為他們不過只是一群無聊透頂的人罷了。因為他們在讀書的過程中無法培養創造的能力，所以只能靠拼命做無聊的事來成就自己。當一個企業願意錄用大批這類無聊的人時，就代表這個企業本身早就充斥著無聊的體制。

我認為這些保有大企業習氣的公司，不過只是靠著一群沒有競爭力的人在打腫臉充胖子而已。想要在自由競爭的時代中存活，除了要有足以面對競爭的實力和獨立自主的行動力之外，更要有貫徹到底的堅強意志力。

可是，日本卻不鼓勵培養這樣的人才。要是日本的社會無法培養年輕人勇於創業，那麼我們的國家在這個世界上也就會難以立足。這種現象在我當年工作的日亞化學裡也出現過。對他們來說，挑選研發產品的研究者就該以學歷和名望為優先，但這種由日本社會培養出的迂腐觀念，完全無法創造出嶄新的事物。雖然日本現在只能靠研發產品來立國，但我們的社會風氣卻依然不願意培養研發產品的人才。

我認為在這個時代出生的優秀青年們很可憐，所以我才想貢獻自己的棉薄之力，幫助青年們靠實力拓展未來。

而促使我這麼做的原因，就是我自己也是個過來人。雖然我當時研發出藍色發光二極體，以上班族的身分為公司賺取了龐大的利益，也幫公司申請了許多發明專利，但我還是

因為那些專利權而告了那間公司。所以，為了讓大家知道日本企業的膚淺體制和我想幫助青年的決定有何關係，以下我將做個簡單的說明。

我在一九九三年時研發出藍色發光二極體，後來在一九九九年時辭去德島日亞化學的工作。在當時，綠色和白色的發光二極體也已經正式量產，再加上紫色半導體雷射技術開始應用化，因此日亞化學工業從名不見經傳的鄉下小公司，一躍成為世界知名的大企業。雖然我剛進這間公司時，可以賣錢的產品就只有螢光體，而且從業人員大約只有一百八十人，不過日亞化學的規模在那時迅速成長。就在我研發出藍色發光二極體和藍光雷射後直到現在，日亞化學以此大約賺進了兩千億日圓的資產。根據日亞化學所出版的宣傳手冊，可以瞭解二○○一年度的藍色發光二極體的銷售額，大約為六百億日圓。

當時我對自己有辦法一個人研發出藍色發光二極體的事沒有顧慮太多，因此在沒有深入瞭解相關研發技術專利權的情況下辭職。但公司對於我這項能夠成為金雞母的研發技術，卻是在申請專利和登記專利時各給我一萬日圓獎金而已。而當年的我只是個涉世未深的上班族，也從未向他們要求加薪。

　　然而，我在向日亞化學表達辭意時，他們開出的條件讓我起了疑心。那就是他們要我在某個保密條款上簽名，之後就會用破格的待遇支付我六千萬日圓的退休金。那份契約內容就是希望我在三年內，不繼續研究藍色發光二極體必須用到的氮化鎵，還有不對藍色發光二極體提出專利申請。由於這些可疑的條件會讓我改良藍色發光二極體的研究停擺，並且使我喪失研究科技的自由，所以身為一個研究者的我便拒絕了這個可疑的契約。

　　後來在我前往美國兩天後，日亞化學用疑似對美國企業洩漏商業機密（主要是我在日亞化學所研發出的產品）為由對我提出了訴訟。我認為他們當時下的這一步棋相當地陰險。因為他們瞭解在日本無法提出這種程度的商業機密官司，但換成是美國就有辦法對我進行控訴。此外他們也沒有任何證據，只是單純「懷疑」我有洩漏商業機密的嫌疑而已。我那時根本沒想到日亞化學為了阻止我繼續研究，會如此不擇手段。但既然我當時決定不簽下那份契約，當然我也沒有必要為了日亞化學的控告而低頭。因為這不只關係著身為研究者的自尊，同時也是捍衛人類的尊嚴。

　　由於我不得不展開維護自身尊嚴的戰爭，所以我在藍色發光二極體的部分專利權上，也對日亞化學提出了求償

二十億日圓的訴訟。後來，這件事情也鬧大到新聞版面上，
進而讓許多人知道我所遭遇到的事。

─ 公司說的就是對的，個人說的就是錯的

　　我對企業發起戰爭，目的是要為研究者的尊嚴討回公
道。

　　不管企業用什麼冠冕堂皇的理由，日本企業本質上就是
將人類視為渣滓。日本企業就像是卓別林的電影劇情，把人
類當成齒輪一樣利用。他們才會覺得滿足自己的想法，才
是比任何事物還要高貴的觀念。只要是可以讓企業賺大錢，
個人的尊嚴都可以輕易地糟蹋。如有不從，企業就會想辦法
用威脅利誘的手段打壓不聽話的員工。畢竟人類的弱點就
在於金錢和暴力，任何人遇到這種手段，馬上就會開始言
聽計從。而當企業發現自己可以將員工當成機器人使喚後，
企業就會開始顯現傲慢的心態。

　　日本企業這些手段和心態，就像時代劇裡的惡德商人一
樣，成天只想發大財賺黑心錢或僱用一群流氓專門打壓反
對者。日本企業只要有機會賺大錢，不管對不對的起自己

的良心，都會盡其所能地利用。我覺得日本企業這種心態，從古至今一直都沒有改變。

日亞化學不但想透過籠絡的手段讓我屈服，面對我的控告照樣擺出大老闆的架子，他們只關心自己利益的模樣一直都沒有任何改變。許多日本企業為了滿足獨占利益的貪念，即使犧牲少數他人也不會覺得愧疚，他們根本就是眼裡只有錢的怪物。

由我發起的控訴，正是為了證明我們不是所有人都會屈服於企業的淫威，同時也是對他們傲慢心態進行反擊。

確實以個人名義對企業進行控訴，在立場上有很多不利的地方。當然，外界多少會對我投以冷漠的眼光。畢竟我的問題和公害、雪印公司所造成的事件不同，不是屬於公共議題的範疇，所以一般人對於我所發起的訴訟，常會以言語中傷或大肆批評。我想這是因為日本社會的特色當中，習慣將公司的所作所為視為良善的一方，而個人意見則是必須被排除的邪惡分子。

從一般人眼中看來，通常會覺得我這個人很無情，居然對自己的公司恩將仇報。如果只知道我向日亞化學求償二十億日圓的消息，那麼大家都會說「中村這個人真是死要錢」、「趁機炒作知名度」等等。當然也有一些聲援我的人

寄電子郵件過來，其中也有人跟我的境遇一樣，因為專利權的關係而和原本的公司打起官司。他提到自己的同事和下屬不但不跟他站在同一陣線，甚至還在法庭上提出了對他不利的證言。

我真的很同情那位聲援者的故事，因為對他的同事來說，比起個人尊嚴，公司的利益反而更加重要。他們不想被公司解僱，除了乖乖地用偽善的言語出賣尊嚴之外什麼都辦不到。

所以我認為公司和員工之間的關係，就好像是囂張跋扈的國王和唯唯諾諾的家臣一樣。因為公司如同國王一般掌握著眾人的生殺大權，所以身為家臣的員工為了生活著想，只能拼命打躬作揖。員工們面對不合理的要求，就只好任由公司宰割。

如果有人可以接受這種如同歐洲中世紀一樣的企業生態，那我也只能說他們是跟不上時代的活化石了。但諷刺的是，日本許多企業中都充斥著這些像活化石一樣的員工。

這樣的員工當然就會在不自覺間成為上班機器，所以公司也敢對員工們頤指氣使。也因為大家對這種現象坐視不管，所以日本才會越來越多像機器空殼般的企業人。

一 待在公司四、五年就該辭職

上班族畢竟是人類，而身為一個人類必須要擁有屬於自己的尊嚴、個性及自由。如果想當個此生一帆風順的上班族，就會失去這些身而為人該有的特性。

那麼，當我們面對這樣的觀念又要如何抉擇呢？我個人建議大家工作四到五年的時間就該辭掉工作。而且不要只有你自己一個人打算這麼作，而是要每個人都有一樣的想法，並且將你們的這種態度明顯表達給公司的主管知道。但即使打算辭職，也不能做出罷工和翹班的行為。換句話說，全體員工要基於磨練自己的實力而時時考慮辭去工作。

這麼一來，企業就會意識到自己和員工之間不會存在著國王與家臣般的關係。企業會知道來公司上班的員工不再想要巴著他們不放，因為員工隨時都有可能會想辭職，所以對於公司內的人事管理不得不產生危機感。如果一間公司沒有人想要繼續待下去，那麼整個公司就沒辦法持續經營下去。這個最基本的經營問題，可以讓公司不得不去在乎所有員工的去留。如果只是一個員工要辭職倒還好，要是全體員工都有隨時準備辭職的打算，那麼在無法立即尋得替補人才前，整間公司可能會先面臨癱瘓的危機。所以為了保住現有的員

工，公司也會不得不考慮提升員工們的待遇。

　　然而遺憾的是日本許多上班族，包含技術研究人員，即使待遇再怎麼差都不會輕易辭職。就算心裡頭淨是想著趕快辭掉工作，卻始終不敢辭職。

　　這是因為日本的教育，徹底地將我們的觀念桎梏住了。

　　例如我在小學看過的教學影片，內容是敘述一名貧窮的小孩在村長家工作的故事。這名小孩雖然在工作和人際關係上常常遭遇困難，因此讓他常常在半夜中哭泣。不過，由於他刻苦耐勞，而且也感恩村長給他工作的機會，於是就這樣認份地工作直到死掉為止。

　　這在我小時候是一種宣揚美德的故事。雖然我不確定現在的教學影片是否還有這種內容，不過現在的連續劇偶爾會有被視為冗員的上班族在退休後，就會開始哭哭啼啼的戲碼。換句話說，對日本社會而言，用從一而終的觀念持續侍奉相同的公司是一種美德。而不管你有什麼樣的理由辭掉工作，都是大逆不道的行為。即使你在公司是個派不上用場的冗員，都要將公司視為自己的君主。我們從小就被這樣的教育洗腦，所以才會立志當個永遠的上班族。因此許多人在不公平的待遇下，還捨不得辭掉工作。

　　其實就連我也很抗拒辭掉持續二十年的工作。因為我心

中也會想著將來的生活到底撐不撐得下去等各種失業上的煩惱。不過，在我一口氣辭掉手上的工作後，我反而對於自己可以下定決心辭職感到慶幸。

一 和業績不相符的年收

藍色發光二極體當然就是讓我辭去工作的動機。

隨著藍色發光二極體的完成，我從鄉下的普通研究員突然躍升為世界知名的科學家。我的經歷可說是印證了「一夕成名」這句話。緊接著世界知名的研究學會也開始對我招手。當然，關於藍色發光二極體的演講邀請也一個接著一個。我的人際關係就以美國為中心開始大大地擴展開來。

而在這段期間，有一位美國朋友知道了我當時的消息後，便問我：「既然中村先生已經研發出這麼偉大的發明，想必你已經成為一個大富翁了吧？可以和我分享一下你那讓人稱羨的上流生活嗎？」

原本我聽到他說的話，還不瞭解有什麼意思。因為我雖然在研發藍色發光二極體上，取得了莫大的成功，而且也因此稍微加了一點薪水，不過我仍然是一個在中小企業上班的

技術人員。我當時只覺得我既然身為日本的上班族，那就不可能和全國各地的其他上班族有太大的差異。只要可以養活老婆和小孩，我就心滿意足了。

所以，我便對那位美國朋友說明了日本技術人員的真實情況。我告訴他即使是知名企業旗下的員工將產品研發完成，公司頂多會給予臨時的獎金作為獎勵，金額大約在一百萬日圓左右。如果是比較有良心的公司，給的獎金最多不會超過兩百萬日圓。所以就算能研發出很了不起的產品，我的年收入還是跟一般的上班族差不多。

聽了我的解釋後，這位美國朋友接著又說：「那麼你總該有收取藍色發光二極體的專利權利金吧？」然而我卻只有在申請專利和登記專利時各收到一萬日圓，合計共兩萬日圓。由於當時的我還涉世未深，光是能拿到兩萬日圓的零用錢和公司補助的一百萬日圓獎金，就夠讓我高興的跳上青天。而且自從發明了藍色發光二極體後，我的年收入從五百萬日圓一口氣攀升到將近一千萬日圓，職位也從組長升到課長。所以在家人們為我的升官好好慶祝了一番後，我也覺得這一切的回報都很合理。

然而，這位美國朋友聽了卻睜大雙眼對我說：「但你這樣的待遇簡直就像是 Slave（奴隸）一樣，日本企業是瘋了

不成？」因此，我後來就被大家取了「Slave Nakamura」（奴隸先生‧中村）的綽號。以美國觀點來看，其中不合理的地方就在於，我的公司除了不管藍色發光二極體是舉足輕重的世紀大發明之外，而且還不給我相應的報酬，更認為我只是做好的份內工作罷了。

在美國絕對不允許有這種情況發生。因為美國的研究者、技術人員，只要在工作上有優秀的成績，就會有超越職籃球星的年收入。雖然麥可‧喬登的年收入四十億美元曾在全世界造成話題，不過年收入比麥可‧喬登還多的研究者和技術人員，在美國也是多到不足為奇。他們甚至還會說：「麥可‧喬登的年收入實在是太低了。要不是運動員必須在還年輕時退休，不然他還可以多賺點錢存下來。不像我們，只要動動腦就可以賺錢賺到七十歲。」

也許麥可‧喬登多少也發現到這一點，所以他這位在球場上叱吒風雲的籃球選手目前也身兼球隊經理 ❶。現在的麥可‧喬登或許正在腦力激盪，思考自己的球隊該怎樣賺錢也說不定。

Note

譯注：日文原書是在二〇〇二年時出版，因此這裡敘述的是當年麥可‧喬登的活動狀況。

chapter 03

這就是我為何
興訴訟的理由

上班族要乖乖地當個「永遠的上班族」，
不過是公司壓榨員工的藉口。

一 沒有一個日本企業想要挖角我

美國的研究員、技術人員只要有相當的能力與實力，就可以擁有比麥可‧喬登還要優渥的年收入。若是可以研發出優秀的專利發明，還能靠股票選擇權制度來活化收入。顧名思義，股票選擇權是讓員工有權力購買自己公司股票的制度，而這個制度最近也開始在日本推廣了起來。一個擁有自己公司股份的經營者和員工，只要公司的業績長紅，股票也就會跟著連漲，而持股者也可從中獲利。所以負責研發產品的研究員、技術人員只要靠股票選擇權制度，就有辦法獲取鉅額的收入。

例如你是一個美國工科大學的教授，在研究上出現新的突破時，可以透過學會對外公開成果，而此時就會因為在未來頗有發展性，而產生值得進行風險投資的機會。通常金融機關進行風險投資後就會成為風險企業，雖然投資失敗的風險很高，可是成功後的報酬卻是非常的大。只要投資者能精準的判斷風險企業的成長，就能迅速累積資金。所以想在短時間內累積數十億日圓也是易如反掌。而負責研發產品的研究者可以利用風險投資賺來的資金正式創業，當你還想把其他的研究成果引進公司當中，你可以讓學生成為執行長，

並且僱用你當顧問以取得該研究成果的股票。

在風險企業正式成為上市公司後，更可以將該公司以高價賣出。總之，不管使用何種方法賺取資金，最初研發出成果的研究者都有辦法取得高額的資金。而且當你的研究成果可以幫助世上的眾人時，其中的喜悅更是相得益彰。換句話說，研發新產品和取得麥可‧喬登般的成就，都是典型的美國夢。

反觀日本又是如何呢？雖然日本的研究員和技術人員是引領日本成為經濟大國的重要推手，但是他們的收入最多只有一千萬到兩千萬日圓。如果超出了這樣的額度，就會招到同行的嫉妒和不滿，所以這個族群當中絕對沒有人的年收可以達到三千萬日圓。

比起搞笑藝人和職棒選手等日本的高額納稅戶，研究員和技術人員的行情實在是很低。雖然他們在社會上從事生產性質的工作，然而待遇卻遠遠不如許多行業。日本的研究、技術人員有如此窘境，會被美國人取笑是「奴隸」也在所難免。

此外，我最想說的重點是，日本企業的體制常常會浪費許多有能力的人才，而沒有能力的人往往透過關係，就搖身一變成為人人稱羨的高級主管。面對這樣詭異的企業生態，

任誰都不會想要認真打拼。員工把人生奉獻給自己的公司，但是公司卻幾乎沒有給予合理的回報。正因為日本企業處於如此現況，所以我們的社會才會難以進步。

我身為一個研究員，只想多做一點對日本有益的研發，但對於日本企業的體制卻又感到失望，而看到日本社會允許企業以如此體制隨處橫行，更是讓我的內心提不起熱情。在工作動力被壓制的情形下，我當然就會覺得自己有志難伸。

不管你研發出多嶄新的產品，只要沒有學歷和知名度，就會被日本企業當成不值得一顧的小角色，然而東大和京大畢業的研究員即使沒有任何作為，卻往往可以名利雙收。這種現象對我這一類的研究員來說，一直都氣的牙癢癢。

我在研發藍色發光二極體時遭受到許多挫折，可說是在拼死拼活的狀態下才得出現在的成果。而且我不只是在研發過程裡度過悲慘的工作生涯，就連在一九九三年正式以商品之姿對外發表時，也同樣身處於困難重重的窘境。我對外發表藍色發光二極體研究成果的當時，甚至還沒人相信我這個沒學歷、出身鄉下中小企業的小員工，會成功製作出上得了檯面的產品。我甚至覺得他們會說：「這個消息一定是哪裡出差錯了，肯定是四國那兒的鄉巴佬在吹牛吧？」因為在他們的觀念裡，所有世界級的發明品都必須經由知名

大學教授之手。日本企業不在乎員工的能力，只會將好人才的標準放在知名度的多寡上。所以在如此環境下，許多研究和技術人員難以讓研發工作持續進行。這是我在九○年代晚期得到的工作心得，那時我剛好結束了某一次的研發工作，所以為了開展全新的研發產品計畫，我非常希望能在可以自由研究的環境下繼續我的工作。

為此，我開始詢問相同領域內的朋友，試著讓自己尋得新的工作環境。美國企業、大學知道我當時的情形後，對於我研發出藍色發光二極體的能力感到相當有興趣，所以開始想要拉攏我到美國工作。雖然我那時已經成了美國爭取的人才，但日本所有的企業依然不把我當一回事。因為日本社會重視學歷和知名度，所以當然不想找我這個鄉下大學出身的研究員。

其實，我很早就已經打定主意不接受其他日本企業的挖角。因為我在二十多年的工作經驗當中，深深體會到日本企業的迂腐本質。即使我跳槽到其他日本公司，肯定也會遇到知名大學出身卻沒有任何實績的上司對我頤指氣使。而且在這種風氣下，公司的後輩還有可能會拼命拍這類上司的馬屁，而我不但厭惡這樣的工作環境，而且也會提不起勁進行研發。所以我為了可以讓自己擁有自由研究產品的環境，

打從一開始就不想繼續留在日本。

一 能正確評價雇員功績的美國

正如我的預料一樣，當時越來越多美國企業想要挖角我，而日本企業對我還是視若無睹。美國方面對我開出的條件都是數億日圓的待遇，比較大方的還有附上價值一億日圓的豪宅。其中甚至有人決定請我前往新創的風險企業就任，而且最令人驚訝的是，該公司的股票以現今的股價換算大約有五十億日圓。在美國人的眼裡，我這個德島的鄉巴佬絕對是炙手可熱的專業人才，但好笑的是，日本對我的實力卻一直都沒有興趣。

即使我不以金錢衡量一切，但面對美國所給予的高度評價，就算是神明也會覺得我應該接受美國提供的機會。而且從這樣的發展來看，就已經證明不是只有我一個人熱衷於自己的研究成果。不過，當時我只想專心進行往後的研發工作，並不想和以前待過的日亞化學作商業上的競爭，所以我還是拒絕了那間風險企業的挖角。

後來，也有史丹佛大學、普林斯頓大學、麻省理工學院

邀請我成爲他們的教授，甚至也有某間大學希望我直接就任爲校長。最後在各種考量下，我選擇了加州大學聖塔芭芭拉分校的工學院。因爲我希望自己擅長的領域除了能在世界頂級的大學進行之外，還能有適合的環境讓我心無旁鶩地自由研究。眞要說起來，比起報酬，我更在乎能自由研究的工作環境。

到美國生活後，我的年收入比在日本時還要高，大約有二十一萬五千美元（扣除股票收入和顧問費）。當然，我的研究環境也變得好上許多，只要我在工作上能取得成果，就會有合理的回報。在這種環境下所產生的美國夢，讓我開始考慮成爲美國公民的一員。由於這些條件和我當初在日本的待遇不同，因此我不用考慮家庭與收入的關係，而可以大方地使用研究費，也不用在工作時考量他人的地位和名譽。更何況我一搬到聖塔芭芭拉後，就有能力直接在可以眺望海洋美景的高級住宅區住下來。

那是個名爲「希望牧場」、美國屈指可數的高級住宅區，山丘的中段地區還有凱文科斯納和布萊德彼特等好萊塢巨星的別墅。這不只是日本人看了會羨慕的夢幻天地，就連一般的美國人也會嚮往，而我這個住在德島縣的鄉巴佬，卻突然搬到了這個許多人夢寐以求的地方。那個高級豪宅時

價約一億日圓，並且附有廣大的庭院。由於美國的地價比日本還要便宜，因此一億日圓的房屋在美國眞的是名符其實的豪宅。

　　二○○一年二月時，我在加州大學聖塔芭芭拉分校正式就任爲工學院教授。到了該年五月，我的家人也來到美國和我一同在新天地展開全新的生活。

一 重視身分地位的日本大學

　　就在我正式開始新工作後，我深切感到來美國的決定是正確的。因爲我的雙眼見證了美方所承諾給予的自由研究環境和合理的報酬。雖說如此，其實我來美國前，還對他們的承諾感到些許的不安。

　　後來我發現美國大學的工學院教授，大約有半數以上的人會擔任風險企業的顧問。此外幾乎有百分之百的比例，那些教授都會在一般的企業擔任技術顧問，所以一個教授同時擔任數間公司的技術顧問不是什麼新鮮事。只要你有能力也有幹勁，就能在美國順利地集中許多人才和資金。

　　接著，我要在這裡說一下白川英樹先生與艾倫·黑格教

授的故事。這兩位學者因為成功開發出導電性聚合物，因此在二十世紀末一同獲得諾貝爾化學獎，而他們兩人的故事可以印證美國與日本之間有決定性差異。白川先生在得到諾貝爾獎時已經從筑波大學離職，並以名譽教授的身分過著悠哉的生活。他受訪時所說的諾貝爾獎得獎感言中，還說自己：「今後將以平穩的心情，度過耕讀的生活」。但有趣的是，他離職後，日本的大學及研究機關卻對他不聞不問，直到得了諾貝爾獎後，日本的大學才開始想要延攬他進入校園。

我聽到白川先生的故事後，便覺得自己的遭遇和白川先生如出一轍。由於日本社會最重視個人的身分地位，所以得獎前的白川先生雖然有實力，卻因為沒有什麼名聲而不受大家重視。直到白川先生獲得諾貝爾獎後，他的名聲才開始廣為流傳。雖然白川先生在離職時不受日本大學的青睞，但如果他有意願的話，其實還是可以考慮前往國外的大學任教。正因為日本不重視人才的實際作為，所以你再怎麼努力工作還是無法長年堅持下去。

那麼，和白川先生一同獲獎的艾倫．黑格教授又是如何呢？艾倫．黑格教授和白川先生年齡相同，而且和我一樣，目前仍在加州大學聖塔芭芭拉分校內擔任教授。此外，他也因為研發出導電聚合物後，長年以來在相關企業中擔任顧

問。從這點也可看出大學教授兼任企業顧問，正是美國學術界中的常態。因此對研究者來說，最重要的莫過於自由的研究時間和充足的資金賺取管道。如此一來，就可以在沒有他人干涉的情形下進行大規模的研究。

　　然而日本卻沒有這樣的概念，因為日本社會注重做任何事都要達到整齊劃一的觀感。所以不管是多麼優秀的人才，日本社會都不重視工作上的實績，每個人只要到了退休的年紀就該領退休金離職。因此白川先生離職後，就沒有其他的方法可以籌措研究資金，所以即使他心中有了其他的研究目標，在離職後也只能「以平穩的心情，度過耕讀的生活」。我認為讓白川先生如此度過晚年，才是日本的重大損失。

　　當然，你也可以說，白川先生或許在還沒離職前就已經賺夠資金，所以才會決定就此退休。

　　但這邊還是請各位試著想想美國和日本的差異。一個是不管研究者的年齡為何，社會都會提供自由的研究環境，另一個則是只要年紀一到，就被打入退休者的行列而遭社會遺忘。光是比較研究者的待遇，兩國之間就已經是天差地遠了。

─ 精英人才離開日本是理所當然的結果

由於美國社會有這樣的風氣作為發展企業的基礎，所以就連我的研究室中的十名學生，都是因為「想要創業」而專心致志。當他們可以盡情測試自己的能力後，隨著成果的好壞就能得到相應的酬勞，於是更讓大家對自己的工作充滿了拼勁。他們身為年輕人，會有這樣的意向也是理所當然的發展。

美國正是會給年輕人這種機會的國家。美國會為了任何人的獨創想法而提供孕育成功的場所，我認為這正是美國和日本差異甚大的地方。

當然，無論是否住在日本或美國，我認為提升個人潛力和所居住的國家沒有太大的關聯。但是，美國在為人才提供發揮的環境上，比日本還有著更多的好處。特別是美國對於風險企業的體制，不但可以聚集更多優秀人才，而且還能保證員工在工作上的自由以及合理的報酬。反觀日本不論是自由還是報酬，都比不上美國。光是這樣的差異，就已經無法培養出和美國一樣優秀的人才。

在日本社會不鼓勵培養人才的風氣下，包含我在內的優秀學者紛紛出走國外也是理所當然的結果。就連白川先生也

曾考慮到國外尋求新的研究環境，更不用說年輕一輩的研究者，不甘心就此被日本迂腐的體制給埋沒，等不及出國讓自己一展長才；雖然我個人已經不算是年輕人，不過就連我也對日本的體制感到厭煩。即使能夠在日本發展出世界級的研究成果，但在保守的企業體制下我還是無法對日本抱有任何期待。再說，沒有其他日本企業會因為我的成就而進行挖角，就能知道日本社會並不重視研究者的實力。就算我想繼續發展全新的研發工作，但日本迂腐的組織體制，卻讓我覺得未來已經沒有發展的空間。也許其他日本企業不積極拉攏我到別的公司上班，就是在向我表達漠不關心的態度吧？我甚至覺得他們是在對我說：「你的工作已經完成了，沒有其他價值了。既然有什麼大企業或大學要你的話，就快點走人吧」。

雖然我的年紀已不再年輕，但我對工作的興趣仍保持著充沛的活力，我還想繼續在自由的環境下研發新產品，並依照工作成果取得合理的報酬。所以如此考量下，我才會決定從日本出走。我並不是討厭日本，畢竟那是屬於我的祖國，也是我最喜歡的國家。但我不想因為迂腐的工作環境拖累到我的研究計畫，所以我才不願意對此姑息縱容。

我認為這種風氣若持續下去，只會危害到日本的進步。

無法針對工作成果的好壞來給予員工合理的報酬，基本上就是社會已步入衰退的警訊。如果無法培養個人的工作意願，那麼只會讓社會聚集沒有動力工作的人民。我打從心裡非常不希望日本變成這種國家。

一 爲了自由與獨創興訴訟

我前往美國後也證明了一個事實，那就是即使我脫離日本企業的體制也能獲得成功。我這麼做就是希望不承認藍色發光二極體是重大發明的日本企業們，可以就此瞭解到自己只是一群大錯特錯的井底之蛙。換句話說，我的動機就是要對迂腐的企業體制下戰書。

我要向他們證明，即使不是知名大學、大企業出身的人，區區一個鄉巴佬也可以靠著自己的獨創性和實力獲得全世界的認可。而且美國還會爲我準備好大顯身手的舞台，只有日本迂腐的風氣不會重視我的成就。

而且我也希望日本企業在看到我前往美國所獲得的成就後，能夠再三思考日本企業的觀念已經跟不上時代，並試著改革不好的體制。

　　但對於我在美國的表現，日本企業似乎感到特別的反感，所以他們接下來的動作也和我的期望完全相反。不但繼續維持只求自保和獨占利益的心態，而且針對我希望員工能有自由研發產品的願景，他們的態度也明顯變得更加輕視。對那些財大氣粗的企業來說，只要遇到反對聲浪，用點白花花的鈔票就能打發掉。至於改革體制的計畫，他們則是一點也沒有想過。

　　如果日本真的像那群企業一樣，不允許員工擁有個人的工作自由，那就代表整個日本已經沒救了。一個國家容許如此的工作環境，對我們這些技術人員來說是天大的不幸，因為這等於是將我們名為自由和獨創的羽翼給拔掉，逼我們成為企業裡的奴隸。我只希望這個世界上只有我一個「Slave Nakamura」就夠了。

　　而且我想請問各位日本的年輕研究者們，你們甘願在這種工作環境下成為企業的奴隸嗎？如果我們對此抱著姑息的態度，那麼就會成為我們研究者的恥辱。所以我們才更要想辦法阻止日本社會持續衰退下去。

　　我也是基於這樣的想法，才會挺身對抗我以前工作的公司。因此我前往美國發展的決定，和這次的訴訟一樣，是為了要和不求上進的日本企業展開抗爭。

　　我前往美國的決定不只是以自由和獨創的名義向日本企業下戰帖，同時也是針對阻撓者所進行的反抗。總之，我認爲企業必須讓員工擁有能充分發揮實力的工作環境，以及允許員工以自由思想和獨創性來活化工作效率，還有能讓以上所有要素得以實現的行動力。我也要所有日本企業，絕對必須確保以上所有要求的最低標準。這所有的想法，正是我對日本企業和姑息養奸的社會所進行的挑戰與抗爭。

― 要懷抱著有價值的創意

　　我希望所有的上班族可以和我一起反抗日本企業。我認爲依賴組織，將知名企業當作鐵飯碗的志願已經過時了，我甚至敢說，只會依賴公司的上班族，會慢慢將自己的公司侵蝕殆盡。因爲這種心態的上班族，只想保護自己的生活不愁吃穿，巴著公司不放卻又無所作爲。

　　因此，我希望每個上班族要徹底矯正這種危害社會的習性。畢竟依賴著公司而從事的工作，只是單純幫助公司營利而已。雖然其中有些模範上班族，會將日本人刻苦耐勞的精神用於工作上，爲了公司默默地付出自己的心力。

　　但我認為事事都要崇尚美德的觀念已經跟不上時代了。這種觀念只會讓上班族成為公司的奴隸，進而讓經營者們傲慢起來。他們會因此覺得沒有創造力又何妨，只要公司賺得到錢就夠了。等到上班族發現自己的處境已經變調時，整個公司早就已經成了老闆榨取員工的機器。

　　上班族要乖乖地當個「永遠的上班族」，不過是公司壓榨員工的藉口。所以，若是你不想被這種黑心企業吃定，那麼就要趕快改變認份工作的想法。唯有如此才可以拯救自己和日本企業，甚至還能拯救整個日本社會。

　　那麼，上班族到底要改變為何種觀念呢？當然就是前文所說的「工作四到五年後，就要辭職轉換跑道」。

　　可是為什麼我會認為這種觀念很重要呢？第一點就是你在工作上會擁有自我的意識，不但不會成為公司的奴隸，也不會被公司牽著鼻子走。

　　當你可以基於自己的能力去工作時，你就不再是公司的奴隸。一旦你有用自己的意識控管工作的心態，甚至可以讓下一次的工作變得更順暢。換句話說，這四到五年之內，你可以將自己的心力集中於工作上，如果一切順利就能提高身價，讓自己有條件去尋求更好的職場。

　　我認為這種「提高自己身價」的方法，正是日本上班族

所欠缺的觀念。上班族工作不只是幫助公司營利，最重要的是透過工作來經營自身的價值。換言之，上班族用心工作除了能提高實力之外，還能提高自己的工作報酬。

　　反之，長期用不專心的態度工作，不但無法提高實力，而且還會以自身的惰性讓工作進度無法展開。久而久之就會以被動的狀態替公司做牛做馬，而自身的價值也無法因此提高。

　　所以我才會建議以四到五年為周期，以此避免對工作感到倦怠。你可以盡量在這段期間內用熱衷的態度工作，並確實讓自己展現出絕佳的成果。一旦有值得讓大家知道的工作績效後，就可以提高自己在工作上的價值。這種方法比起像個無頭蒼蠅似地等著升遷，在四到五年中取得工作目標會更容易砥礪自己的心志。如此一來，不但可以讓你集中專注力工作，心態上也會變得更積極，進而讓工作效率變得更加無往不利。

― 為自己工作

　　雖然很多人會因為終身僱用制而感謝公司的德政，但在

同一間公司上班的日子一久，就會打從心底厭煩重複相同的工作。其實我很難理解這些人的用意，究竟為何使用這種方式折磨自己的人生呢？

我發現只要是為了公司而工作的人，通常就會陷入如此窘境。但我認為工作不一定要為了公司或家庭，其實你也可以是為了自己而工作。

雖然不得不工作的心態比玩票心態還更能提升個人的價值，甚至會因為工作上的成就而讓自己的人生感到無上的喜悅，但這種屬於滿足個人感受的行為，若是必須為了他人、公司而進行，不但會讓自己無法樂在其中，也容易對工作內容感到不耐煩。如果你是為了他人和公司而工作，那還不如乾脆辭了這份工作。

我認為最好把工作視為為了自己而進行的行為，如此才能全心全意地對自己的工作負責。如果你目前的公司不樂見你用這種心態上班，那麼最簡單的方法就是立刻辭職，並前往願意接納員工以此心態工作的公司。

換句話說，我建議上班族能效法職棒、職籃選手為自己挑選球隊工作的觀念。身為一名職業球員，就不該被非特定球隊不可的觀念綁死。只要身為球員的實力足以讓眾多球隊垂涎，那就不怕沒有球隊需要自己。而且關於自己的評價還

能反映在年薪上，越是有高度的評價就越能前往適合自己的球隊。

反之，如果球員的狀況不好，無法在球場大顯身手，那麼當然就會被球隊淘汰掉。所以球員們爲了避免這樣的情形發生，往往會在場上力求表現。由於球員成績會和自身的評價成正比，如果長期下來無法發揮實力就會遭到汰換。這種高風險又兼具高投資報酬率的工作，正符合實力至上主義的規則。

我認爲實力至上的觀念，可以發揮個人的實力，並且成爲生活上的原動力。而社會也會因爲大家擁有這樣的觀念而進步。既然日本必須迎向國際化，那就不要只是在口頭上宣導，應該要打造一個可以自由競爭的社會。否則日本不論是經營企業還是經營國家，都會難以跟上世界潮流。

我們的社會若是沒有實力至上的觀念，那麼每個日本人都無法在國際化的競爭中存活下來。所以我希望大家千萬不要爲了他人而工作，要將工作當成是爲了提升自身價值而從事的行爲。請每隔四到五年檢視自己在這段期間內以實力所換取的成果，然後換跑道繼續用心工作四到五年。這麼一來，你的身價就會因爲自己的實力而不斷得到提升。

── 重視實力的社會所不需要的事物

想要在國際化的潮流中生存，最好的方法就是「工作五年後就辭職，並轉換跑道持續磨練自己」，然後重複相同的步驟，爭取更好的工作後，繼續提升自己的身價。只要能在磨練中成長，那麼辭職後換新工作的決定就會變得一點也不痛苦。

如果你不想透過磨練讓自己獲得成長，只想靠朝九晚五的工作過生活，那麼你會漸漸對自己的工作感到不耐煩。而在你用得過且過的心態工作時，除了成天抱怨上司或見風轉舵之外，還會變成無能的上班族。

而且當公司姑息無能的上班族留下來時，就代表這間公司正漸漸失去正常營運的風氣。例如有些堪稱模範大廠的企業會突然不斷地裁員，通常就是因為他們內部員工的程度開始下降，進而造成公司經營上的負擔。或許這也可以說是我們的社會沒有提早對應國際化的浪潮，因此只好放任員工和企業不求上進的後果。

即便如此，我們還是不能坐視不管。被裁員的上班族可能也有自己的理由，而我想通常都是因為他們無法認同實力至上主義吧？他們苟且偷安的想法中，認為應付公司是理

所當然的事，而且也覺得公司會體諒他們得過且過的態度，同時也覺得工作只不過是為了將來的退休金而已。

我所主張的以實力為重的觀念並不是空穴來風，其實很久以前全世界就已經開始以這種觀念為主流了。只是日本社會遲遲無法承認這個事實，不肯改變對工作的看法。所以我認為日本的上班族都要計畫每隔四到五年就離職，並在這段期間內用心工作、提升自己的實力，就不會怕突然被公司裁員了。當你被公司裁員時，就要當作自己的努力仍然不夠，並且將之視為迎向全新挑戰的機會。畢竟，就算我們被公司裁員，也不代表整個人生就此葬送。與其自怨自艾，倒不如用正面的心態去親身體會目前的時代潮流，然後再靠自己的實力去尋找待遇更好的工作。總之，要適應實力至上的社會就該有積極正面的心態，才能在各種時局找到全新的出路。

至於無所作為，靠著逢迎拍馬卻能繼續留在公司的人就大有問題了。他們即使身處在以實力競爭的社會裡，也只會窩在公司內部不肯離開。這類人通常會反對我「四到五年就該計畫離職」的建議，因為他們認為「上班滿五年就辭職，無法讓人出人頭地」。日本企業就是太多這種人，所以才會難以趕上國際化的腳步。

對他們而言，地位比工作還要重要的多。比起靠工作磨

練自身的價值，花大筆的公關費去跟客戶打高爾夫球，藉此賺取名望才是正確的選擇。我認爲那些不斷花錢用高爾夫拉攏客戶並且將之視爲頂級娛樂的人，才是俗不可耐的傢伙。

姑且不論泡沫經濟時期裡難免會有這種人的存在，但目前世界正處於國際化的潮流上，因此日本社會不能再姑息這種人繼續扭曲工作的價值。畢竟國際間的企業競爭只會變得越來越激烈，大企業只要一個不留神就會被淘汰掉。而那些只會強調地位和頭銜的人，在公司山窮水盡後也就只能成爲沒有用處的紙老虎。因爲他們此時更會突顯出自己沒有任何能力，也沒有過實際的作爲。我認爲在標榜實力至上的時代裡，光靠地位和頭銜出人頭地的想法已經不合時宜了。

─ 企業界的文藝復興時代即將到來

在日本目前的社會背景裡，對一個無所作爲的公司鞠躬盡瘁，任誰都會覺得是何等空虛的行爲。事實上，在這種環境中出人頭地，根本就沒什麼了不起，而且誰都不曉得自己將來到底會面臨到什麼樣的後果。而知名企業和銀行在經營上爲了不至於倒閉，現在也開始四處整併相關的地方小企

業。但在日本這種對未來捉摸不透的環境下，拼命想辦法居於高位又有何用？

　　所以我會認為，每一個日本人都應該要有像職棒選手般的觀念，唯有提升自己的實力，才可以在國際化的競爭下站穩腳步。讓公司認可你的實力，像鈴木一朗一樣接受合理的報酬，並且在公司裡繼續工作。我認為日本的上班族以這種方法出人頭地也未嘗不可。

　　但是日本企業付給勞工報酬的體制還是一樣故步自封，只會根據地位和職位來決定薪水的多寡。由於這種不重視能力的公司充斥日本社會，所以我們的國家當然難以取得進步。只是這樣的公司一旦在經營上開始失去了安定感，就不會有人在乎那些看似高貴的身分地位了。當公司付不出薪水時，誰又能給那些達官顯要報酬呢？答案當然是沒有人可以支付薪水。我認為想要事事照顧好自己，就該有求人不如求己的觀念。

　　所以我鼓勵大家磨練自己，成為一個在能力、智慧、創意上都不輸給任何人的上班族。靠著以實力得出的成果，讓自己繼續在競爭中生存下去。

　　當許多人擁有這樣的觀念後，就能迫使企業改變對待員工的體制，讓他們不得不重視員工的付出。我認為擁有豐富

創意的人，才是這個時代下所有公司必須留住的人才。唯有讓企業瞭解到這點，才可以創造出全新的商機。墨守成規只會讓日本企業界漸漸陷入衰退。不論是企業、社會還是國家，我們最需要的就是不斷求新求進步。光靠組織和集團的決策，是無法在國際級的競爭中生存，凡事都要透過組織決定的時代早已成為歷史。

歷史上，每個即將邁向新時代的環境中，都會靠著有創意、有獨創性的世代來帶領大家取得進步。例如古希臘和文藝復興時代，就是因為這些時代裡，許多人可以接納各種想法，所以才會有許多美妙的文化得以開花結果。接納各種人的想法才能為社會和文化帶來活力。

我認為二十一世紀對企業界來說是一種文藝復興時代。配合個人的能力，可以改變這個世界的商機。如果不改造日本社會那種沒有個性的組織體制，那麼日本將永遠無法得到璀璨的未來。

我這次和日亞化學的官司若是可以勝訴，我不只會得到應有的專利權，而且還可以取得數百億日圓的賠償金。而這樣的發展還能改變上班族和企業間的關係。企業必須重視員工個人的能力，讓日本不得不改變現有迂腐的體制，進而打造出每個人都能透過自由競爭來取得進步的社會。

從此以後，個人不再是組織的奴隸，而且個人的意識也得以在日本企業重見天日。如此，才能讓日本企業界的文藝復興時代正式展開。

― 要有屬於自己的成功哲學

想要改變組織和個人間的關係，我們的首要目標就是提升個人的工作實力。為了公司當個永遠的平凡上班族，只不過是再三強化國王和家臣間的關係罷了。這種關係時間一久了，甚至還會像我一樣成為大家眼中的「奴隸」。

安於自己是上班族的身分沒有太大的用處，你的地位和能力不會因此而提高，就連工作報酬也不會有任何變化。所以要讓自己獲得改善，每個員工必須為了提升自己「而隨時準備好辭職的計畫」。比起安於現況後，卻漸漸發現自己什麼也無法獲得，還不如賣力爭取比現在還要更好的機會。展開破釜沈舟的行動，才是上班族最需要擁有的觀念。

當然，即使想要放手一搏也不要忘了「充分磨練自己的實力」。如果你是個沒有任何實力、任何成果的人，那麼不管再怎麼破釜沈舟也只會打敗仗而已。

　　還有隨時準備辭職的計畫也一樣，你必須先擁有真正的實力和成果。想要順利地在辭職後找到條件更好的工作，必須先在原本的公司裡充分磨練實力，才是隨時準備好辭職的大前提。

　　也許你會問要如何才能提升實力，達到能放手一搏，並實現辭職計畫的標準呢？由於這其中還包含著我國教育上的問題，因此我想留到後面再詳細說明。

　　另一個問題就是，我所建議的方法真的是參考自我研發藍色發光二極體的經歷嗎？為什麼我這個不是出身知名大學、大企業的上班族，可以在鄉下的小企業裡研發出如此重大的發明。那全是因為我有一套屬於自己的人生哲學。平時，我也會貫徹我自己的人生哲學，讓我深信自己所研擬的開發計畫必定會成功。即使遇到重重阻礙，我也不會輕易屈服。也因為我的成功哲學，讓我得以提升實力，進而邁向成功的大道。

　　當然，在我的成功模式中也累積了不少失敗的經驗。而且讓我造成失敗的最大原因，通常就是我的公司。因此我認為以組織為重的日本企業體制，會妨礙個人能力的提升。

　　如果我沒有屬於自己的成功哲學，並且屈服於來自組織的施壓，那麼我們真的很有可能無法在二十世紀裡完成藍色

發光二極體。所幸我不畏名為組織大義的多數暴力，並且貫徹自己的成功哲學，才可以獲得現在的成就。

一 打從心底相信成功故事的美國人

成功，是每個人都能辦到的事。只要有一套屬於自己的成功哲學，加上勇於挑戰的精神，那麼成功的機率就會上升。如果還有可以接受自由思考的環境，即使沒有專業知識或尖端的技術也沒有問題。尤其大家現在都知道美國社會頗有自行創業的風氣，不過他們在創業上取得成功不只是依靠專業性和學術性，更重要的反而是有獨創性的思考和屬於自己的成功哲學。因此在美國，擁有自己成功故事的人可說是俯拾即是。

美國人在面對成功的故事時，通常會親眼見證、親耳聆聽、親身體驗，所以不論男女老幼都會想試著讓自己獲得成功。他們發自內心認為，即使沒有學歷和專業知識也能獲得成功，並實踐屬於自己的美國夢。他們這種觀念，比起日本那種認命且刻苦的上班族故事，兩者的思考模式在根本上完全不同。

其實我在前往美國定居前，出席學會和研討會時，偶爾會被人說思考模式和美國人很像。我想，在不仰賴組織、公司之力，相信靠個人實力就能獲得成功上，我的觀念確實很像美國人。還有在工作上全力以赴，重視以最佳成果獲取最佳報酬也很像美國人的思維。而在我到了美國後，我也發現許多實現美國夢的美國人，和我個人的成功哲學有類似的想法。

因為我的成功故事，開始有很多人希望多瞭解我這個人的經歷。隨著我被大家稱為準諾貝爾獎得主、與諾貝爾獎最有緣的人，以及獲得富蘭克林獎章後，也越來越多人以為我從孩提時就是一位天才兒童。所以我也常常被人問：「你小時候有什麼樣的故事呢？」。但遺憾的是，我小時候的經歷和他們所想的正好相反，因為我那時根本就只是一個平凡的小孩。

其實，我小時候就算唸完書也還是很難記起上課的內容，我甚至敢說，我的程度就是大家所謂的「笨小孩」。

chapter 04

煩惱不斷的學生時期
與「外來者上班去」

只有「用自己的想法，決定自己的行動」
才能跳脫出受限於他人的困境。
唯有如此，才不會讓自己在事後感到後悔。

─ 崇拜《原子小金剛》中的御茶水博士

　　我是在一九五四年五月二十二日，於愛媛縣西宇和郡瀨戶町大久出生。由父親──友吉，母親──久惠所生的次男，目前年齡為四十八歲（二○○二年時）。

　　瀨戶町位於日本最長的半島──佐田岬半島的中央，是個典型的偏僻地帶。在我小時候，那裡沒有公車可以坐，只能搭乘木舟前往隔壁鎮。由於當地氣候溫暖，因此橘子樹和梯田隨處可見。也許我的故鄉有如此悠然的環境，所以我小時候度過了一個悠閒的生活。

　　我小學的生活和現在的都市孩子不同，從沒上過補習班和才藝班，只要一放學就會在外頭玩到天黑，回家寫功課對我來說是排在放學後行程的第二、第三位。我小學成績通知單的評分滿分是五分，數學和理化通常為四分，體育為三到四分，其他科目幾乎都是兩分。簡言之，我以前是一個成績很接近後段班的普通小孩。

　　孩提時的娛樂方面，舉凡棒球、足球、踢罐子、探險遊戲等等，只要是小孩子愛玩的，我都很喜歡玩。至於我小學時的夢想，則是當一名製作機器人的科學家。《少年 Sunday》和《少年 Magazine》的科幻漫畫，更是引領幼

時的我進入白日夢的課外讀物。尤其手塚治虫的《原子小金剛》對我的影響很深，因為漫畫中的御茶水博士是一個能製作出機器人的科學家。小時候我覺得自己若是能成為像御茶水博士一樣的科學家，肯定會是一件很棒的事。

由於瀨戶町內沒有高中以上的學校機關，因此當地許多家庭裡，除了長男之外，次男、三男在國中畢業後就會以集團的型式前往大阪、東京工作。而我這個次男也一樣，本來會在中學畢業後就和大家一起到外地找工作。

不過，因為我的父親在當時調職，所以我有了在高中唸書的機會。我的父親是四國電力公司的員工，主要工作是在變電所擔任保全，不過在我小學二年級時，我的父親被調到大洲市工作，因此我也隨之轉到大洲小學。後來，我也升上大洲北中學，只是我的學校成績還是老樣子沒有半點起色。

從小學開始，因為我比較偏好數理科目，所以總成績勉強可以到達中間的程度，而歷史、地理類等比較需要默背的科目，總是會讓我的總平均吊車尾。只要開始上歷史、地理課或考試，我渾身上下都會覺得不對勁。

後來上國中後，雖然我被推選為班級幹部，但因為班級幹部大多是成績優秀的同學，而我們學校習慣將班級成績前二十名公布於走廊上，因此身為班級幹部的我，要是成績沒

有好到可以被公布出來，就會在班上丟臉。

因此每次考試的前一晚，我會拼命地用功唸書。那時為了讓我不擅長的科目考好，我還開始默背我最討厭的科目。很慶幸地，我當時默背科目的進展很不錯，所以二年級時的成績總算達到了名列前茅的程度。到畢業以前，我的排名雖然偶爾會落在第五、六名，但我唸書的習慣一直都是考試前一晚才開始臨時抱佛腳。

一 自己無法接受的事就不要去做

現在的小孩子們，從小學就開始在乎自己的學業成績，為了讓自己的偏差值上升而拼命唸書，比起來我的學生生活就過得很悠哉。如果我小時候經過現在的教育洗禮，那麼我絕對會變成完完全全的後段班學生。

除了我在唸書的心態上比較悠哉之外，還有我不太能讓所有科目考高分。這是因為歷史、地理等需要死記的科目我都不在行，而且我也沒辦法因為理解邏輯而記下歷史上的何年何月何日發生了什麼事。對我來說，發生在過去和國外的事情，都只是無關緊要的小事。我認為在複習時花時間理解

這些事情是既無謂又無奈的抉擇。雖然老師強調那些歷史、地理的知識會出在考題上，但我還是難以吸收其中的內容。

我這個人只要是遇到自己無法接受的事情，就會難以樂在其中。雖然在考試前一晚我會勉強自己唸不喜歡的科目，但是除此之外，我都不會刻意去接觸討厭的事物。雖說這是我自己的處事哲學，不過成績老是因此升不上去也是事實。

但是，我又何苦逼自己去做本來就很討厭的事。而且自己無法接受的事物就不去處理的態度，反而能讓我更重視「可以接受的話就去做個徹底」的理念。

另外，讓我養成不勉強自己的原因還有一點。那就是我以前在學校很喜歡社團活動時間。雖然學生喜歡社團活動是很理所當然的現象，但我認爲社團活動所獲得的經驗，有益於研發生活上的發展。那麼，我當初又是進行了什麼社團活動呢？

由於我哥哥當時是排球社的隊長，所以我當時接受他的邀請進排球社打排球。正因爲我哥就是隊長，所以我沒辦法蹺掉排球社的練習。因此在我們的努力下，排球社在我一年級時升格爲俱樂部等級。此外，我每天放學後一定都會練球練到天黑爲止。

我們的練習是採用斯巴達式，所以不管你有什麼理由，

最簡單的練習就是嚴格鍛鍊自己的身體。我們大洲北中學的排球社傳統就是積極練球，不論晨練還是晚練，或是星期六、日、國定假日，我們都會找時間加緊練球。換句話說，我們三百六十五天都在練球，因此當時我的學業成績也很難有所進步。此外，我的球技在隊上排名二十名以內，所以算是球技還不錯的球員。

雖然我們很拼命地練球，但在地區大賽裡，我們的排名排不上大洲市的前三強，所以我們只能算是很弱的球隊。我想這是因為我們的指導老師常常只指導我們學校女子排球隊的關係吧？對於我們男子排球隊的練習，指導老師大多是放牛吃草，因此我們的練球計畫只好由自己來訂定。但我們這些國中生畢竟還是小孩子，根本不懂如何練習才能收到最佳的成效。所以包括我那位當排球隊隊長的哥哥，都以為只要拼命練習就能讓球隊變強。因此，我們的練球計畫都是用自己發明的方法來訓練球技。然而我們這種頗為業餘的練球方式，根本沒辦法讓自己變強。但是因為我在這段期間毫不懈怠地每天練球，所以直到升上高中還是一樣繼續打排球。

雖說如此，其實我本來打算上高中後就不碰排球。因為我瞭解就算是拼命練習，只要訣竅不對就很難出現進步，更何況我感到自己的運動能力有所謂的瓶頸。但這一切都要

怪我自己的性格沒辦法拒絕別人，所以在朋友的請託下還是進了高中排球社。由於當時我們高中的排球社人數不足，無法參加六人制排球比賽，所以在國中認識我的朋友就拜託我進排球社湊人數。

但大洲高中的排球社和大洲國中一樣，都是非常弱的球隊，在縣大賽上常常會輸的很乾脆。即使我們升到了高中，對排球方面的知識還是一樣不太精通。就算我們試著研讀排球書籍上的練習方法、比賽時的建議，到後來我們進步的速度也一樣跟不上正式比賽。雖然這個時期我的球技比國中時還要強得多，但畢竟還是處於閉門造車的階段，所以再怎麼拼命練，球技也一樣到達不了高手的領域。

一貫徹初衷的自信

我在排球社的經驗，對我日後的研究生活產生了良好的影響。雖然我的排球在國、高中時並沒有打出一番好成績，但卻培養出不靠他人而努力，以及獨立自主的觀念。這種觀念也讓我重視由自己獨創的方法，並且以一貫之。

雖然當初如果老師有教我如何打排球的話，我說不定能

練出不錯的球技，又或者在國、高中時期聽從老師的教導，
也許能讓自己取得不錯的學業成績。確實在一般的普世價值
裡，為了能讓成果立竿見影，接受前輩的指導是最好的辦
法，而這也是我們的教育現場裡最為大家所推廣的觀念。

　　但是，我卻不這麼認為。如果我從國、高中時期就習慣
接受他人的指導來取得好成績，習慣透過老師和既有的資訊
達到目的，那麼我就會難以擁有獨立自主的想法。因為我有
獨立自主的想法，所以才能在研發藍色發光二極體時不靠任
何人，以貫徹自己的實驗態度為主，進而完成所有的研發工
作。

　　確實我的方法對習慣找他人幫忙的人而言，是一種笨人
才會用的笨方法。他們通常會覺得我在做的事，只要去查
閱書籍就能找到答案。與其花時間繞遠路，還不如跳過幾
個步驟直取結果會更有效率。因為透過參考書籍、指導者、
前輩的指點，就能讓工作的進展變順利並且提早得出結果。

　　事實上，我也認為這是正確的觀念，而且這其中也沒有
什麼可以挑剔的地方。但我還是想說，那種觀念沒辦法靠自
己的創意發明有趣的新方法。因為不論是指導者還是老師，
他們所教的事物都是已知的答案，在創造性上已經失去了原
創精神。所以一旦循著他們的教導來做事，就代表我們沒有

透過自己的想法和方法來解決問題。這種依賴先人智慧的心態，也代表著自己雖然無所作為，卻只會理所當然地去取得知識。

對我而言，最重要的不是依賴他人的想法和方法來解決問題，而是要有屬於自己的方法來探討問題。一旦習慣用理所當然的心態運用知識，那麼我們就會無法仔細地去動腦或產生獨創的理念。所以我才會認為以獨創為重的製造業，必須運用獨立自主的觀念來展開工作。如果只會一味地因循前人的行事模式，那就無法創造出任何嶄新的事物。

— 不在乎學業成績

在國、高中的排球社裡，我學到了創造事物必須要有的獨立自主，還有與其用速成的方法得到結果，不如繞遠路多努力一下，試著讓自己充分理解事物。

因為我在學生時期裡熱衷於社團活動，所以我的學業成績始終難以進步，擅長的科目只有數學和物理而已。即使我認為專精幾項科目也罷，但是其他科目成績不好，就會拖垮平均成績。另外，所有文科項目裡，英語的成績算是馬馬虎

虎，至於其他文科成績幾乎都是滿江紅。我從國中就討厭必須死背的科目，所以每次必須研習文科時，我都會坐在桌子前發呆。但爲了不讓自己被學校分到較差的班級，我還是會在考試前一天心不甘情不願地複習文科項目，只是通常我會心想自己爲何非得去讀這些討厭的東西。

也許是大洲高中和其他升學型學校有相同的教育方式吧？即使學生討厭唸書，還是會在教學中讓學生意識到自己非唸書不可。我們那個學年的學生共有兩百人，並且以入學考的成績排名來分爲五個班級。一班當中都是成績最好的學生，二班則是次之。依此類推，所以到了五班則是充斥著不良學生的放牛班。所幸我是被分到成績最好的一班。但即使如此，我在那個四十多位學生的班級裡，我的入學考分數是排到四十幾名。也就是說，我的入學考成績是不折不扣的吊車尾。

至於後來的學校考試、大學模擬考，名次通常會落在二十名到四十名以內。在我狀況良好時，偶爾還會考到大約第十名的位置，因此我想我在一班當中，平均大約是固定在二十名以內吧？

我的班導看到我的成績老是沒辦法進步，曾對我說：「如果運動社團會害你成績退步的話，你就會被分到次一等

的班級裡。不如你就退出排球社，好好專心唸書吧。」其實，我班上參加其他體育社團的同學也有相同的煩惱，甚至後來真的因為成績退步，而被降到次一等的班級裡。

不過，我後來還是沒有放棄排球社，因為我不想讓一起努力練球的朋友們失望。所以當我班上的同學將心力全放在大學聯考時，我還是老樣子每天從早到晚都在練排球。

─ 從電子工程的邂逅中看到美好前程

因為我這種求學態度，使我報考大學的決定變得相當不明智。當時的我和現在的考生不同，既沒有四處調查考試資訊，也沒有集中練習第一志願的模擬試題。甚至可以說，我根本就不知道自己想要唸哪一所大學。

班上其他同學和我不同，至少還會稍微調查大學聯考的資訊。此外，我有時會跟我座號相近的同學們相談甚歡，後來聽聞他們打算報考德島大學。那時我心想愛媛縣的松山市裡明明就有愛媛大學，為什麼他們非到德島考大學不可。一問之下，原來德島大學的入學考在配分上較重視英語、數學、物理。雖然我到現在還是一樣不知道這是為什麼，但當

時德島大學的入學考的確是以這種標準爲重。由於我不喜歡
必須死背的科目，除了擅長數學、物理之外，剛好英語程度
也算是勉強上得了檯面，所以那時還天眞的以爲自己考進德
島大學就可以高枕無憂了。

　　我當時打算考進德島大學的理學院，因爲我想把成爲御
茶水博士的夢想轉爲現實，因此我想選擇物理系並且在將
來成爲物理學家。不過，我的班導對我說：「唸物理的話，
你以後會找不到工作」。所以我便放棄了原本的決定，選擇
報考德島大學工學院的入學考。

　　然而，我下的這個決定其實是錯的。我當時下任何決定
的習慣都傾向於自己勉強能接受就好。不管是沒有退出排球
社，還是報考德島大學，都是因爲朋友的建議才會說服自己
接受他人的觀念。所以在選擇學院這方面，我仔細衡量了將
來的利害得失。由於我被老師所說的「找不到工作」影響，
所以後來反而對自己選擇工學院的決定感到後悔。此後，我
一直很希望時間從頭來過，好讓自己可以讀物理系。幸好，
我後來還是漸漸瞭解到電子工程學和物理學是相似的學科。

　　我升大學三年後的時候，由於聽了福井滿壽夫老師的電
子物理學，因此得到相當大的啓發。因爲福井老師在課堂上
表示，所有的材料都可以用電子物理學解析其中的物理性

質。聽了福井老師的課後，我才開始覺得電子工程確實和物理相近。

雖然我對進入工學院感到無聊又後悔，心裡一直想要是當初選擇理學院就好了。但自從接觸了電子工程後，我才開始覺得這簡直就是一種專門探求美好未來的學問。

雖然對我而言，進大學唸書也是為了尋找自己將來的出路，不過在過程中我瞭解到自己的未來，最好不要輕易地被周遭的人牽著鼻子走。只要是自己想要做的事，或是自己眼光所看中的目標，即使無法從中確認出特別有利的發展，也要一鼓作氣地去試著完成。很多人就是因為太過聽從他人的建議而開始感到迷惘，甚至在考量到利害得失後改變了初衷，結果反而害自己招致失敗。

── 一到十八歲，就成了叛逆小子

即使我當年上了大學，我還是不瞭解自己的將來到底會如何，更不用說別人也預測不到我以後的發展。尤其我從來不是一個成績優秀的學生，即便是我的高中、大學老師，甚至是我自己，都想像不到我以後居然能研究出世界級的大

發明。

　　當然，這種現象不只是發生在我的身上。例如我們的銀行機關，當初大家都料想不到許多銀行居然會在近年來因爲經營不善，而面臨倒閉或整併的局面。我年輕時所看到的榮景，曾讓我覺得那些銀行甚至可以永續經營。其他還有造船業等各種製造業，以前的經營狀況和現在的發展相比也是相差甚遠。

　　由此可知，我們生活的環境常常會在幾年時間內出現巨大的變化。相較之下，一心想找個鐵飯碗就此一帆風順的觀念實在是愚不可及。雖然他們刻意選擇對將來最有利的謀生方式，然而卻只會發現世事不可能盡如人意，最後只能在一旁後悔莫及。既然我們都有可能會在時代變化中遭遇困難，那還不如試著冒一點險，用自己的意志堅持下去。

　　從這項論點來看，我當初確實是選錯學院了。雖然那時我還只是高中生，然而我卻因爲自小生長於悠哉的鄉下環境，在升學時仍抱有天眞的想法。

　　因此我到高中爲止，對許多事所下的決心還不夠堅強。即使我當時在內心是經過自己的同意後，才會堅持社團活動和決定大學志願，但歸根究底那其實都是因爲朋友和老師的建議，我才會乖乖地被他們的意見所影響。當時的我對自己

的將來沒有強烈的欲求和意志力，而且我心中的自我也尚未成熟，所以才會甘願接受他人的影響。也因為這樣的性格，我很重視和朋友之間的互動，即使會犧牲自己的權益，我也傾向於努力討好身邊的朋友。仔細想來，我從國、高中打了六年的排球，或許並不是因為自己打從內心喜歡玩排球，而是那時的我習慣以朋友間的感情為優先。不過我在十八歲時，我發現自己即使升上大一，仍然會因為這種性格而讓自己沒有產生任何進步。因此，我開始試著改變對他人的態度，突然成了一個叛逆小子。

─ 變成「自閉兒」

剛上大學時，我發現課程遠比我想像的還要無聊。由於我本來還很期待大學的課程，所以我受到很大的打擊。像我原本就不是很愛考試的人，當初為了上大學唸自己有興趣的學系，所以還是勉強自己用功唸書，甚至連我討厭的死背型科目我也盡量讀進去。

那麼我上大學後，所接觸的課程又是什麼呢？通識課中有許多必須死記硬背的科目，例如世界史、外語、古典學、

心理學等，而且那還全都是必修科目。這些課程的安排，簡直就是高中生上課的翻版。

上大學後眼前所見的都是我討厭的課程，這讓我想在大學裡充分學習物理和數學的抱負遭到打擊。現實和我所夢想的環境存在著明顯的落差，用口語一點的詞來形容，我當時的感覺就是「我火大了」。雖說是「火大了」，不過我沒有因此憤怒抓狂，反而是氣到關在宿舍裡足不出戶。

不出門的原因，當然就是因為大學淨是一些無聊的課程，與其把時間浪費在那些無聊的東西上，還不如窩在家裡看自己最喜歡的物理書籍。也因為這個想法，我每天幾乎都關在房門裡看書。於是，我開始了長達數個月的「修行僧」生活。然後有一天我突然發現，自己至今為止一直用錯誤的方式虛度人生。我因為太重視朋友和老師的意見，所以才會讓自己一直無法做喜歡的事。我常常會妥協於周遭人們的想法，因此我對於這樣的個性感到相當後悔。接著我每天都在煩惱該如何改變自己。因為不改變自己就沒辦法好好地研讀物理，而且我越是在心煩氣躁的情形下閱讀物理參考書，就越想從事更加專業的物理研究。但回到大學唸書，我卻會被一堆通識課給束縛住。

在我一直被這些負面思考壓制住時，我也不斷浮現出放

棄唸大學的念頭。只是我每次出現這種念頭時，都會想起母親對我說：「要唸大學的話至少也要念到畢業」，然後還會哭出來。持續了半年的修行僧生活後，覺得再這樣下去也不是辦法，只好繼續回到大學上課。只是回到大學後，我發現很多同學不記得我。雖然還有幾個跟我還算要好的同學關心我，會問我：「你怎麼了？生病了嗎？」但我將我個人的煩惱說出後，他們其實並不是很在意。結果回到大學後，我的生活還是照樣用錯誤的方式去運作。於是我開始下定決心要來個一百八十度大轉變。面對大家輕視我的態度，我還是平心靜氣地接受了。

後來，我開始用極端的方式來改變自己。我有三位跟我一起從高中升到德島大學的朋友，而且也住進同一棟宿舍，所以那時我們常常會一起廝混、喝酒。雖然我的決定會讓我度過孤獨的大學生活，不過他們最後一次來找我時，我還是很突然地提出絕交宣言：「你們別再過來找我了。你們很煩很礙事。」

我這種態度確實會讓無辜的他們感到錯愕，但我不遠離這些同鄉，我的煩惱還會持續折磨我的人生。所以為了避免犧牲自己的將來，堅決拒絕他們才是唯一的辦法。

一 用自己的想法，決定自己的行動

我開始遠離塵世，窩在租金五千日圓的便宜公寓裡，過著不斷看參考書然後默默思考的生活。我當時希望靠著這樣的生活，讓自己獲得全面性的改變。

當我長時間獨處後，發現生活周遭的所有事物對自己而言都是不重要的。以往老師的教誨和課本上所記載的內容，反而不見得都是對的。還有，為了融入社會而和朋友往來，以及前往學校和他人打交道，讓我開始覺得對人生不見得有幫助。

隨著這個想法的產生，我又反過來想自己本身又能幫到自己什麼。我以自己為中心，對所有事物抱持著各種疑問。在經過以自我為中心的邏輯後，大眾眼中的正確的、良好的事物，全都不見得對我自身有利，我甚至開始認為所有既有的觀念必須受到質疑。

而且我的人生中有許多體驗，都是被周遭的觀念給犧牲掉。囫圇吞棗地接受大眾的常識，結果反而是讓自己的發展受到局限。這個社會所架構出來的體制就是要犧牲個人的想法，否則就無法融入社會。所以一旦你有了違反常識的想法，就會被當成怪人，甚至還會被要求矯正觀念。也因此，

這個社會充斥著所謂的正常人，而他們靠著犧牲掉個人的想法，讓自己理所當然地活著在世上。在正常人的觀念裡，妥協於社會和他人才是成熟大人該有的生存方式。

但在我不斷獨自思考的生活裡，我在心中否定既有的常識。我覺得一直靠身邊眾人的意見來過活，只會讓自己變得越來越失敗。我常常在想任何事都妥協於社會的生存方式，又會讓我走向何種結局？是不是無法實現我非常想要研讀物理的願望？也因為這些問題，我也開始質疑起自己之外的所有事物。我開始瞭解社會喜歡將常識和拿捏利害得失的觀念強加於我的身上，而且他們絕對不是為了我好。我認為瞭解到這一點的人們，也會對自己被常識牽著鼻子走而感到後悔。但在經過後悔後，還是會用相同的模式繼續集體牽制住他人。

既然如此，那就只有「用自己的想法，決定自己的行動」才能跳脫出受限於他人的困境。唯有如此，才不會讓自己在事後感到後悔。於是我十八歲時，內心的自我終於甦醒，而我也打算在之後的人生貫徹這種想法。幸運的是我在大三時，遇到了福井滿壽夫老師。他在課堂說的電子物理學讓我得到了很大的啟發。因此我開始研修材料物理性質的課程。當然，我是按照自己的想法來決定自己上這門課程，

而且今後也會用這種模式作為自己的生存之道。

因為我的決定，後來我越來越熱衷於材料上的研究。由此可見，「用自己的想法，決定自己的行動」可以讓自己的人生活得更輕鬆自在。在大一甦醒的自我意識雖然既強烈又固執，但我卻打算從此作為自己的人生哲學。藍色發光二極體可以取得莫大的成功，我這種人生哲學可說是功不可沒。排除一切常識、權威，不附和他人的意見，以自己的想法為重並決定自己的行動，我才能造就出現在的成功。

一 在面試中大談「教育問題」

自從我擁有了屬於自己的人生觀後，我變得不再迷惘，而且越來越能樂在研究當中。我為了達成繼續鑽研物理的心願，於是在大學剩下的兩年裡進行了碩士班的研修。

因為出社會後，如果我還想繼續從事相關工作，那麼前提就是要有碩士班畢業的文憑。而大學推薦的公司主要為京瓷、松下、東芝等電子公司的產品研究所。不過面試松下時，我得到被他們淘汰的結果。理由是我在面試時的表現「太偏向理論」了。換句話說，他們認為製作物品不需要

太重視理論。我想自己會被認為開口閉口都是理論的原因，恐怕是在大學上課時所留下來的毛病。德島大學雖然是國立大學，但卻也是規模不大的地方大學，因此沒有領到太多國家給予的教育補助費。由於大學的預算不足，因此課程上難以用實習的方式讓學生實地操作，大多時間只能在課堂上講解理論。因此松下公司會將我淘汰掉，也算是在所難免的發展。

　經歷過松下的失敗後，接著我就到京瓷電子公司面試了。為了不重蹈覆轍，所以這次我完全不提起關於理論方面的看法，只是將主題放在自己很喜歡製作東西和研發對世界有益的東西。由於我刻意如此表現，所以京瓷公司後來內定好要錄取我。當時京瓷電子公司在材料的研究領域上堪稱日本第一，而且在經營方面也是一間快速成長的公司。

　其實，京瓷當時的社長——稻盛和夫先生擔任我的面試官。也許稻盛先生早已忘記當時問過我的問題，但我對此的記憶還是相當鮮明。他當時所問的問題，即便是現在我仍認為是很實際的問題，而且那時我也是在經過審慎思考後，才將自己的看法提出來讓稻盛先生瞭解。稻盛先生當時問我：「請問你覺得目前社會問題上的重點為何？」。由於這是我平時在心中思考的問題，因此我馬上回答：「我個人認為是

在於我國的考試制度。因為所有的小孩在兒童時期，就要為了不斷地考試而每天做準備。這種制度的缺點就是無法培養小孩的創造力，因此我認為日本必須馬上廢除現行的考試制度。」

稻盛先生看到眼前的應徵者突然脫口說出關於日本教育問題的看法時，當下一定也覺得不可置信吧？不過，我確實是打從心裡說出自己的見解，而且即使是現在我也依然覺得日本的考試制度必須廢除。至於我會成為京瓷的內定人選，也許不是看中我在研究材料方面的能力，而是因為我在面試上大方地說出獨特見解時的膽量吧？

不論如何，我當時就是打算率直地發表出我自認為正確的看法，並向他人確立自己的主張。既然認為自己的想法沒錯，就要拿出自信並勇於陳述，不用怕被他人投以異樣眼光或妥協於他人的意見。

雖然我好不容易在面試時成為應徵時的內定人選，不過我還是沒有前往京瓷公司就職，因為我其實還有不得不處理的家務事。

一 為了孩子，決定到日亞化學上班

其實我在修畢碩士班的課程後，就已經結婚了。而且那時我也早就有了小孩。我原來的計畫就是畢業後到都市的公司上班，但因為孩子的關係，我還是在根本上大幅修正了自己的就業計畫。我那時考慮的是，到底要在都市養小孩，還是讓小孩在鄉下悠閒地長大。因為這樣的煩惱，所以我詢問了研究室的前輩——多田修教授。教授在深入瞭解我的家庭問題後，他認為我這個有了小孩的鄉巴佬，到都市生活容易陷入不知道該如何是好的狀態。既然有了家庭，就沒必要勉強自己前往都市生活，而且在鄉下悠哉的過日子或許也不壞。雖說聽了多田修教授的建議我才覺得豁然開朗，不過我的決定本來就傾向於他的看法。畢竟，我認為養小孩子的環境比工作還要來得重要。想要過著家庭和樂的生活，選擇到鄉下的公司工作才是最佳的判斷。

所以我才會放棄前往京瓷公司工作的機會，而到多田修教授幼時玩伴所開的公司——日亞化學謀職。這間公司的地點位於比德島市還要南邊的阿南市，可說是比一般鄉下還要更鄉下的地區。和京瓷電子相比，日亞化學算是規模較小的公司。就這樣，我為了養小孩，所以在一九七九年時前往日

亞化學上班。

　　我覺得一個人的決定，會讓命運產生出不同的分歧。如果我當初選擇前往京瓷電子工作，那麼我這一生也許就會融入企業的體制中，乖乖地以產品研究員的身分度過一生。因為在那麼大的企業裡，通常會有較為完善的管理體制，所以個人的能力和獨創性難以在組織下發揮。

　　美國的年輕人在就業上較傾向於創業，原因是創業能充分發揮個人的個性和能力。另外，如果是在較小的公司上班，由於組織的約束力較小，因此也較容易發揮員工個人的能力。所以我當時認為到小公司上班，就能依照自己的意思在工作上大顯身手。我剛進日亞化學時，與其說他們是剛起步的風險企業，倒不如說是早就在業界站穩腳步的百年老店。日亞化學的規模雖小，但是當中的從業人員約有一百八十多人是出身當地的阿南市，這可說是地方企業最典型的特徵。不過，日亞化學在當時仍是數一數二的螢光體大廠，因此在經營上蘊藏著很大的潛力，更何況其中的員工裡還有像我一樣的人。所以對我來說，到頗有實力的日亞化學工作，正是適合我的決定。

一 鏈黴素與藍色發光二極體

錄取我的人是前社長——小川信雄先生。小川信雄先生於一九五六年創辦日亞化學，而當時的日亞化學還只是一間專門製作藥物的藥廠。

小川先生年輕時的志願雖然是加入軍校，但卻因為視力上的缺陷而無法實現，於是只好前往當時的德島高等專校（也就是現在的德島大學藥學院）就讀。畢業後，因當時日美雙方的太平洋戰爭處於激戰狀態，於是小川先生前往瓜達康納爾島的戰場就任為日軍的藥劑師。

然而，日軍在瓜達康納爾島遭到慘敗。雖然許多士兵戰死沙場，不過小川先生奇蹟似地存活下來。而小川先生在瀕臨死亡邊緣時，曾看到他這一生永難忘懷的景象。那就是美軍的屋子裡，散發出一道神祕的藍光。小川先生眼中所看到的幽幽藍光，是從未見過的顏色，而且他當場也被那種顏色觸動心弦。小川先生回到日本後，決心探究那個神祕藍光的底細。後來，他總算知道那個既淡雅又溫柔的光，其實就是日光燈所發出來的光源。

當我得知小川先生的這個故事後，我感到我們之間有種說不出的緣份。雖然我身為一個科學家，緣份和命運這類

的詞牽涉到很陌生的領域。但知道小川先生跟我一樣，也在人生中追求著藍色的光，我不由得從心中產生些許感慨。而心中的那份感慨，也成了確認我自己仍是日本人的證明。

小川先生回到故鄉後，暫時忘了以前看過的藍光，為了生活，他善用自己所學到的專業知識創辦了製藥廠。由於那個年代的人們，較難在刻苦的環境中追求自己的夢想，所以不得不將眼光放在現實生活上。不過，當時抗生素的發展在日本仍屬全新的市場，因此日亞化學也開始積極生產鏈黴素。

有趣的是，小川先生當時也遇到了我在研發藍色發光二極體時所受到的困難。那就是社會上對日亞化學所製造的藥品，流傳著不是百分之百有效的評論。即便日亞化學能製作出高品質的藥品，卻一直難以得到消費者的認同。原因是日亞化學那時是剛起步的新興企業，因此所有藥品都被市場低估為效用只有半成的劣質品。而當時決定藥品銷售量的不在於藥品的品質，而是藥品的品牌是否為知名大廠。

小川先生遇到的難關和我研發藍色發光二極體之間的時間相距四十多年，然而日本社會仍然輕視專業技術。即使日本過了四十多年的歲月，決定事物好壞的關鍵依然是地位和品牌名聲。由此可知，日本社會和日本人的觀念，依然停

滯在四十多年前的程度。

　　那種陳腐的威權主義和因循苟且的思維無法培養堅持創新的理念，而且還會阻止任何事物的創新和進步。

　　小川先生也很討厭當時的社會風氣，雖然自己是以良心製作安全有品質的好藥品，然而當年日亞化學的名聲卻被那種迂腐的觀念糟蹋。更何況運用知識在產品上偷工減料，是許多科學家絕不允許的行為。所以小川先生基於科學家的自尊，與其用便宜材料製作便宜藥品拿出來賣，他寧可繼續用品質優良的材料持續製作有良心的好藥品。從小川先生這種經營手法來看，他真可說是一位不輕易妥協的正直科學家。

　　那麼，大家又要如何判斷什麼才是品質優良的藥品呢？例如鏈黴素等藥物，一般人在使用時無法從外觀上判斷品質的好壞。其實，最簡單的方式就是使用專門檢測藥品品質的工具。然而，藥品在當時並沒有適合的工具可以檢測好壞。所以小川先生想到的辦法，就是另外研發出檢測藥品品質的工具。如此一來，日亞化學的藥品就能在品質上扳倒所有知名品牌了。由此可見，小川先生本身也很想透過這種方法，為自己身為科學家的自尊討回公道。

　　當時，小川先生記起以前在瓜達康納爾島所看到的藍光。那道淡幽的藍光雖然在當年深深吸引他，然而在活著

回到故鄉的此時，他決定在日本善加運用那道藍光的特性。
所以日亞化學運用螢光體的性質，讓藥品的品質一目瞭然。
一旦大眾可以直接用肉眼看出藥品的好壞，那麼日亞化學出
品的藥物就可以獲得良好的評價。而且還能扭轉大眾用曖昧
的標準判斷藥品的品質，進而讓市面上所有好藥品與壞藥品
劃清界線。就這樣，小川先生長年以來的夢想以兼顧現實與
願望的形式，讓自己一口氣得償所望。

後來，日亞化學以此為契機，從專門研發化學藥品的公
司，漸漸轉變為以螢光體為主力商品的企業。當時日亞化學
所研發的螢光體主要運用於日光燈和電視機的映像管。日亞
化學在日後取得美國通用電子公司的專利使用權後，其身分
也不再只是一個地方企業，還成了獨占國內日光燈市場的龍
頭老大。而我剛進去工作的那段時間，剛好也碰上了日亞化
學最風光的時期。

― 勇於面對工作的自信

我剛進日亞化學時，是被安排在產品開發課上班。雖然
日亞化學是一間小公司，但畢竟也是專門製造商品的企業。

所以產品開發課顧名思義就是公司的產品生產源頭，而且也是足以左右公司未來發展的重要單位。雖然名義上是如此，但事實上日亞化學平時沒有必須積極研發產品的業務，所以產品開發課反而成了無所作為的「倉儲課」。很多公司的產品開發課，會因為研發產品的預算及人事費用太耗錢，而成為有名無實的單位。當然，日亞化學也有相同的情形，公司高層為了節省支出，我們的產品開發課包括課長在內，總共只有四名成員在上班。

身為一個菜鳥，被公司安排到如此沒有朝氣的部門，即使是碩士畢業的研究生也會覺得很不滿吧？如果有人進了這種部門馬上提不起幹勁上班，也不用感到太意外。

但我對如此發展並不是很在意。因為我剛進公司時，可以接受自己被安插到任何一個部門。不管是跑業務、行政還是人事，我都覺得無所謂。當然，我個人最希望自己能在專門研發的部門中工作，但既然是剛進公司的新人，我認為沒必要對自己的工作考量太多。

雖然我這種單純當個上班族的觀念，和積極研發藍色發光二極體的志向有些矛盾，但我認為老是想著自己應該被安排到何種部門，並不會幫助你產生成功的契機。總之，我對公司內部的安排沒有很在乎。如果一個剛進公司的新人，

打從起步時就在計較哪個部門最不合自己的意，那麼在心態上早就讓自己屈服於公司的安排了。

陷入如此狀態後，你會不斷地感到迷惘，思考也會變得較為消極。你原本的實力不但無法發揮，就連創造能力也會大為下降。等到公司需要你有所表現時，你還會因為狀況不佳而無法發揮真正的實力，久而久之你就會漸漸成為在公司內部迎合組織的上班族之一。

因此，我認為當一個上班族，必須要有行得端坐得正的自信心。即使是剛進公司的新人，我也認為沒必要顯露出畏首畏尾的態度。面對各種安排，你要保持著自己絕對沒問題的自信。當你抱持著這樣的自信，你就有辦法用對等的立場和公司打交道。

所以我認為到日亞化學上班，不用太在意自己會被安排到何種部門工作，因為我有從事任何工作都認為自己絕對沒問題的自信。也許有人會認為一個沒有跑過業務也不知道什麼叫企業管理的人，一旦到了相對應的工作現場怎麼可能還會有自信呢？

其實，我想強調的不是由實務上的經驗所產生的自信。我認為即使有經驗，但由此產生的自信卻相當地不可靠。尤其從不純熟的經驗中所產生的自信，更是一種極其危險的東

西。一旦你因爲不純熟的經驗而遭遇到失敗，你的自信就會讓你墜入萬劫不復的深淵。因爲你會從否定自己的經驗中，開始否定自己的人生，當一個人否定自己的人生，就等於是對自己宣告死亡。將實務上的經驗所產生的自信，作爲穩定自我情緒的基石，在根本上就是一種錯誤的作法。

例如知名大學畢業或知名企業出身的人，常常會對自己的身分地位感到自信。他們習慣將自己的工作經驗視爲上天的恩寵，甚至認爲重要的程度就等同於自己全部的人生。但在他們引以爲傲的表面下，通常是沒有任何值得大書特書的實績。這點我或許應該要反過來說：他們之所以沒有任何實績，正是因爲他們那種半瓶水響叮噹的性格使然。他們能夠依靠的擋箭牌，也不過是平庸無奇的工作經驗而已。

當他們必須在充滿競爭壓力的社會裡和他人正面交鋒時，那淺薄如紙的經驗反而會成爲讓自己經不起考驗的累贅。當他們只是紙老虎的事實被攤在陽光下後，如果還無法承受這種恥辱，就會在不知不覺間逐漸被社會淘汰。最後只能窩在居酒屋中，將自己當成企業界的大人物一樣，把過去的豐功偉業掛在嘴邊，不斷對他人強調自己曾出身於知名大學。

雖然他們出身於知名大學、企業，自以爲充滿了不怕任

何困難的自信，甚至認爲其他人的程度比不上他們，但私底下其實很害怕比他們更有能力的人會突然出現在面前。他們所表現出的自信只不過是逞強罷了，這種可悲的傢伙根本就不值得一顧。

一 人生不可能一帆風順

我認爲上班最重要的就是，做任何事都會覺得自己沒問題的自信，即使那只是沒來由的自信心也沒關係。像我本人即是如此，驅動我賣力工作的自信心從來就沒有任何根據。不過，我心中確實會默默地認爲自己沒有任何問題。

一般來說，剛進公司的新人都會對陌生的業務感到不安，然而我偏偏就是不一樣。也許我這是所謂的初生之犢不畏虎吧？但我就是有一股自信，不管有沒有經驗都覺得自己遇到任何事都能迎刃而解。

當時我也不知道自己爲何有這麼大的自信。不過，現在的我已經知道這股自信是從何而來。那就是不管面對什麼業務，只要能用自己的方法解決，就可以產生自信。當我用自己的方法來完全掌握局勢時，不管他人如何批評，我的內心

都不會感到動搖。即使會犧牲掉很多個人時間，只要想到我正在貫徹屬於自己的方法，並相信這是通往成功的唯一道路，我的內心就會不斷湧出自信。

不過話說回來，我在剛進公司工作時還沒有歸納出這個結論。雖然我在十八歲時悟出了「用自己的想法決定自己的行動」的道理，直到現今我也一直持續著這個觀念，但剛進公司時，我並不確定這種觀念可以用在工作上。即使這種觀念所構築起的心理建設在當時還不夠完善，但我確定在一定程度上，能將自己的主張發揮在職場上。

由於我的自信會在心中默默地產生，所以我也會很自然地認為任何事都可以得心應手，而這種感受也在日後成為默默扶持我的動力。

我的自信讓我得以無視公司裡人們的眼光。因為我這個住德島市的人，被公司裡的人視為「外來者」。如前文所述，日亞化學位於阿南市，我從德島市開車到公司上班需要四十到五十分鐘。而公司裡的員工幾乎都是阿南市出身的當地人，因此我這個德島市人就像是個局外者一樣。再說我本來就是出身愛媛縣的人，在阿南市這個鄉下地區出沒時，都會感到自己如同夏目漱石筆下的「少爺」❸，被眾人投以好奇的眼光。

　　雖然我這個住在別的市區的人沒有被當地人排擠，不過他們多少還是帶有一些本地居民排外的態度。他們常常問我：「你幹嘛來我們這種小公司上班？」，言下之意明顯包含了「你明明還有更好的選擇」。由於我並沒有什麼多了不起的理由，所以遇到這些問題我都會酌情應付。儘管如此，我好像還是被大家傳了一些不好的謠言。總之，打從進公司的那一刻，我的舉手投足就成了許多人關注的焦點。

　　當然，他們也很好奇我的專業能力到底有什麼特別。我剛進公司時，許多員工知道我的專業領域是電子工程學，都會質疑為什麼我這個電子工程學的人才會到藥廠上班。由於當時很多員工都是德島大學化學系畢業，因此我這個非化學系的人在藥廠上班，當然就會引起一點爭議。在專精的領域上，我一進公司就被大家當成是較為獨特的人物。

　　不過，我這個獨特的人物在公司裡的生活並沒有特別順遂。與其說我是獨特的人物，倒不如說我是常常和公司唱反

Note

譯注：夏目漱石著作《少爺》中的主角，書中從未提起主角的姓名，每個角色都稱主角為「少爺」。由於少爺是一個來自都市的年輕人，在鄉下工作時被反派看不起，所以本書作者或許也影射自己的遭遇和少爺相似。

調的叛逆小子。所以我這個叛逆小子在研發產品時遇到各種狀況，也會常常很自然地告訴自己「凡事都會沒問題的」。

　　仔細想來，我遇到困難時也會用這種心態度過，畢竟人生裡什麼事都有可能發生。即使我在剛進公司時被大家用質疑的態度另眼相待，但說不定其中也有人在當時就已看出我將來的成就。再說，就連我自己做夢也想不到，我會前往加州大學聖塔芭芭拉分校擔任教職，並且成為諾貝爾獎的被提名人。人生本來就是由許多大大小小的狀況所組成，誰都無法準確預測自己的人生會在將來取得什麼樣的發展。

　　也許是因為我遇到的困難是屬於比較極端的例子，同時也是能從中獲得成功的例子吧？假使是相同情況下的其他人，也有可能會在最後招致失敗。正因為我的情況所造成的結果容易趨向兩極，所以才會有很多人希望這一生可以平穩順遂地生活下去。

　　然而，每個人的人生是不可能全程一帆風順。我們都知道人類歷史上，從來沒有一個人能在生命中常保安穩。更何況要是人生真的可以過得安穩順遂，那麼這種過程裡肯定沒有任何新鮮有趣的經歷。在我看來，安穩和無聊同義，追求安穩的人生就等於是在追求無聊的人生。將自己的志願放在取得安穩順遂的生活上，就等於是幫自己打造一個沒有

個性、沒有魅力、沒有刺激的無聊人生，只是讓自己變成徒具空殼的行屍走肉而已。到公司上班、做完份內的業務、回家時順路打小鋼珠或居酒屋喝酒發洩情緒，每天將這種既定的流程當成安穩的生活，只不過是膽小鬼一廂情願的想法罷了。

對所有人生的冒險家來說，依靠公司並追求安穩，甘願讓自己成為永遠的上班族，這種志願是很不值得的選擇。至少我認為每個剛出社會的年輕人，不應該存有捧著鐵飯碗了卻一生的打算，因為那是膽小鬼專屬的思想。我奉勸所有人千萬不可聽信那些膽小鬼的詭辯，因為那只不過是用來粉飾他們得過且過的事實。

─ 從「一切都沒問題」中產生的活力

我建議讀者們不要急著參考我的成功經驗，因為這麼做無助於預測自己的未來發展。你絕對無法知道未來會有什麼考驗等著你。如果太擔心將來會遭受挫敗，而想試著擬定計畫讓自己持續成功，反而會讓你形成凡事都畏首畏尾的個性。我認為最重要的觀念是，瞭解人生不盡然會按照自己的

意思。還有，即使任何事情的發展無法按照己意，或是即將
發生突發狀況，都必須相信自己絕對沒有問題。而在相信自
己的過程中，沒問題的信念就會成眞。

　　人生本來就是由許多偶然所造成，想要以理論整合出人
生計畫是不可能的事。對許多人來說，由於靠理論計畫人
生，有機會獲得安穩的生活，因此就成了值得追求的志願。
他們認爲既然安穩的人生能用理論來實現，那說不定眞的就
是正確的生存之道。

　　遺憾的是，人生絕對無法理出絕對的計畫。因爲人生是
由無數突發狀況所組成的經歷，你無法想像未來會有什麼接
踵而來。偶然之所以被稱爲偶然，就是在下一秒鐘會發生必
然的事實。

　　所以，我的成功故事也一樣充滿了偶然。若不是我偶然
經由指導教授的介紹進入日亞化學工作，然後在偶然的安排
下到產品研發課上班，接著在偶然的發展裡不得不進行藍色
發光二極體研發工作，結果才能在偶然中獲得事業上的成
功。我不能預測所有的發展，也沒人能預測我將來會發生什
麼事。

　　那麼，如果我們遇到無法預測的狀況時，又該如何處置
呢？也許有人認爲靠適度的壓力逼迫自己積極處理，能有效

率地解決各種突發狀況。但這種方法的缺點會因爲心情緊張，反而讓處理事情的效率變差。很多專家、知名大學出身的人通常傾向這種方式，他們常讓人感到謀定而後動的聰明印象。換句話說，他們面對問題會尋找各種解決方法，並且歸納出既圓滿又確實的對應方式。然而他們所導出的結論，常常會過於愼重其事，甚至在效率上顯得拖泥帶水。而越是愼重就越無法尋求出具有獨創性的解決之道。緊張地擬定計畫只會形成過於謹愼小心的態度，並漸漸地戕害自己的心思。

如果能用「不論如何一定要相信自己的心態」來面對問題，就不會因爲害怕失敗而造成恐慌。同時還能讓事情的進展變順利，並爲解決的方法找到新的活路。就算遭到失敗，也會用正面思考相信自己的能力。你甚至還會顯得大而化之，並樂在失敗當中。我就是因爲這種「沒關係精神」，即使在公司工作的十年裡被人說過三次「專做沒銷路的爛東西」，我也不覺得有什麼大不了。而且倒不如說，那些失敗的經驗成爲了成功的契機，讓我創造出藍色發光二極體這個舉世無雙的成就。

一 做好覺悟後就該盡人事聽天命

我被安排在產品研發課後，日亞化學第一個要我單獨進行的工作，是將磷化鎵製作成正式商品。

當時日亞化學有一個口號，叫做「研究、思考並用心工作，以此創造世界第一品牌」。前社長小川先生和全體員工雖然常常會掛在嘴巴上，但實際的研發現場裡我們卻從不說出來。

發光二極體的英語簡稱是 LED，是一種透過電流讓半導體發出紅色與黃綠色光芒的燈具。正如前文所述，發光二極體的發光原理和以往的電燈、日光燈不同。電燈與日光燈是透過特定媒介間接地產生光源，而發光二極體則是在電流通過半導體後直接產生光源。不但可以用較少電量發出更明亮的光源，而且還更有效率、更耐久，因此可說是非常優秀的燈具。

當時，不只有知名家電大廠注意到這種技術，世界上其他產業也相當關注這項新科技，並在研發中展開激烈的商業競爭。雖然我們日亞化學是間小公司，但在國內的螢光體市場上也堪稱龍頭老大。因為這樣的地位，日亞化學對於投入發光二極體的競爭也顯得頗為猶豫。後來，日亞化學的業務

部門從某間知名家電大廠那裡，聽到磷化鎵結晶能製作發光二極體的消息，所以日亞化學便將這個點子交給產品研發課處理。由於整個部門內只有我一個人是電子工程學出身，於是就此展開了只有我一個人進行的研發計畫。

— 孤軍奮戰的研發案

雖然我在展開研發前就已經先從書上得知半導體的性質，不過這和自行研發半導體產品完全不同。一般人遇到必須獨自進行這種工作時，大概有八成的人會覺得忐忑不安吧？不過我有「沒問題精神」，所以在公司指派這個任務時，我當面回答：「好，我知道了」，然後便接下了這個研發計畫。

雖然說到這裡，好像顯得我是以凜然的姿態接下工作，但後來公司幾乎沒有撥給我研發用的預算。其實，研發半導體結晶產品的計畫，即使是知名大廠也需要組成四到五人的研究團隊，但日亞化學的半導體產品研發計畫卻只有我一個人在埋頭苦幹。由此可看出日亞化學對這個研究其實是興趣缺缺。不過同時卻也抱著僥倖成功的心態，認為公司能就此

撿到便宜賺大錢。在進行研發的過程裡，即使我需要買一支鉛筆和一本筆記本，也要經過課長的簽呈公司才會撥預算給我。所以這個研究計畫打從一開始就是一種很不合理的要求。

但有趣的是，這種處境反而讓我覺得比較輕鬆。雖然在資源上不利於研發，但只有我一個人能在工作時自由走動，讓我的行動變得較有彈性，而且也更容易將心思放在工作上。很多情形下，只要身邊有上司和其他業務時，就會不利於創造性工作。

很多工作狀態下會湧入各種必須應付的狀況，但唯有處於身無雜事的狀態裡，最容易發揮個人的想像力和創意。雖然團隊合作能有較好的效率，可以輕易重複構築已完成的事物，然而缺點則是會缺乏創造能力。

而我就是靠著單獨一人的優點，讓研發計畫得以完成。當然，如果沒有各種實驗裝置，我也不可能以一人之手研發出產品。所以，我在工廠裡把一些準備報廢的機件撿回去，然後一個人揮汗打造出能製造結晶的高溫結晶爐。還有實驗上必須常常使用的石英管，由於成本較高所以我還得用焊接的方式重複使用。我當時所做的那些焊接作業，已經超出了研發人員的範疇。

　　但隨著確實地一步步完成工作，我越來越能掌握住自己的工作步調。那種感覺不是一口氣大量生產物品可以比擬的，實地進行焊接作業讓我體會到親手製造物品的踏實感。

chapter 05

窮究發明的
眞正本質

研發產品就像是一種藝術，不管是多麼微小的發明，都必須從零開始創造。

決定物品創意的不是其中的方法過程，而是創造者本人的個性與能力。

一 製作物品即是身而爲人的證明

曾經有人說：「懂得製作物品才有眞正的人生」。有史以來，人類確實持續不斷地發明、製作物品。但可惜的是，人類隨著現代文明的進步，漸漸開始怠於創造。因此，人類已經變得不再製作物品了。

也許有人會認爲我說的這番話太誇張，因爲現代世界比以前有更多物品被製作出來。這種說法確實沒錯，甚至我們最近還被稱爲物資過剩的時代，許多沒有太大用處、有沒有也無所謂的物品充斥在市面上。不管物品的數量還是種類，完全不會因爲需求人口的多寡而停止製造。

所以，我當然會承認這項事實。但另一方面，我認爲人類相較於以前，已經變得不會自行創造物品了。

我所要表達的是，既然市面上有許多新奇的商品，但有多少是經由人類的手親自創造出來？我想，大家的答案幾乎都是靠機器製造的吧？靠工廠裡的機器組裝商品、靠機器爲商品上色、靠機器包裝好商品，人類在這過程中頂多只是管理好機組的運作而已。更不用說我們在近年開始將機器人投入製造業，因此未來還能幫工廠大量生產單一商品。由於人類在工作上的精度比機器還要低，所以不適合從事

量產的行為。換句話說，能精準製作物品的機器人或機組，才是大量消費時代中的主角。

　　既然機器可以大量生產商品，那麼我們的製造業當然就以此取代人力生產了。人類也漸漸養成只要沒有某種東西，就會用錢把它買下來的習慣，所以也跟著形成什麼東西都能拿出來賣的風氣。在這裡，我要以玩具的例子來表達我個人的看法。我小時候會因為想要玩陀螺而試著自己動手製作。只要自己做出來的陀螺比朋友做的陀螺還要厲害，我就會高興得飛上天，甚至還會產生出難以言喻的優越感。由於這樣的優越感，我們朋友之間會互相傳授製作技術。大家還會聚在一起興高采烈地討論，然後一起切磋製作陀螺的技巧。反之，如果我製作陀螺的技術不是很好，就會不斷研究製作陀螺的技術，如果還是難以做出好陀螺，就會拼命請教技術較好的朋友。

　　這種親手製作陀螺的行為，即是身為人類的證明，同時也正是我窮究一生的思想。所以靠機器大量生產出來的物品，我認為不配稱為由人類製作出的物品。換句話說，人類為了滿足為賣而賣，以及為買而買的行為，已經失去了自行創造物品的本質。

一 一邊想像完成品一邊動手發明

一旦人類失去了動手製作物品的本質後，內心就會產生空虛感，甚至覺得這個世界已經沒有容得下自己的地方。

我認為在製作物品的涵義中，也包含了所有能促使人類確實執行工作的行為。例如製作一顆陀螺，你必須運用自己的想像力和執行力，同時還要在過程中兼具獨創性。除此之外，也必須要有學習能力讓你從中體會失敗和成功，以及挫折和快樂。當然，其中也包括體會到完成後的優越感和自卑感。人類所有行為的總和都包括在製作物品上。

所以不論物品完成還是未完成，親手製作物品的行為本身具有高度的人類道德性。然而人類卻將屬於自己的本質轉讓給機器。人類有了機器後，雖然不用動手動腦也能達到目的，但卻捨棄了身而為人的證明。既然捨棄了身為人類的證明和求生的基礎，當然就會讓內心產生空虛感和無地自容的感受。人類一旦在現代捨棄了該有的骨氣，就會演變成活生生的悲劇。

我成功研發出藍色發光二極體，表現出身而為人的證明。我能取得如此成就，就是代表我還沒忘記「親手製作物品」的精神。這雖然是簡單易懂的道理，然而現在的人們卻

幾乎已經忘了這種精神。

其實不難想像失去人性的後果。如果我們在工作和思考上失去了人性，那麼我們還有必要瞭解如何製作出人類需要的物品嗎？

人性是人類立身處世的基本，一旦我們的行爲失去了人性，那麼不管是從事任何事情或使用任何工具，都會變得難以獲得成果。即使是爲了順利運行電腦，而想要專精於操作電腦，還是會因爲沒有創意而無法製作出合乎人性的物品。

以發光二極體來舉例，發光二極體本身不是因應半導體的存在而誕生的器具，而是爲了讓人類使用而誕生的燈具。由於很多研究者忘了這種觀念，所以才會導致藍色的發光二極體遲遲無法完成。既然發光二極體本質上就是在設想如何爲人類謀福利而發明出來的器具，所以當研發者沒有充分發揮人類身體力行的能力，那麼當然就無法研發完成。我的成功等於是證明了這一點。在研發上我盡全力以人性爲出發點並且親力親爲，才會在不太先進的條件下研發出和人類本質相差甚遠的藍色發光二極體。

藍色發光二極體的成功除了達到前人未及的境地之外，同時也是爲了人類的福祉才會將科技推向如此地步。而堅持透過人類的雙手來證明，更是其中最重要的理念。

　　我在工作中最強的武器之一，正是靠自己的雙手來製作物品。當然這同時也是我個人的獨門心得。

　　雖說是我靠著這種手法，讓身為小企業研究員的我達成不可能的任務，不過能讓我學會如此觀念，主要還是多虧了我大學時的恩師——多田教授的教導。

　　我當時在德島大學研究所，是在多田教授的研究室中研修材料物理性質方面的電子工程學。我們在材料物理性質的研究中，必須比較理論和實驗結果的差別，從中探究自己的論點和實際結果之間的關係。我在高中時雖然很喜歡物理，不過那時只能接觸到理論層面的物理學。幸好在上大學後，我總算可以親手研究和物理學相似的電子工程學。我這個喜歡反覆思考的人，認為自己能在課程中靠著驅使理論讓自己愛思考的個性獲得成長。

　　不過多田教授卻和我完全不同，他在德島大學裡是一位以實踐為重心的研究者。比起理論他相當重視實驗中取得的結果。研究者通常會分為理論派和實驗派，我當時算是屬於理論派，而多田教授則是屬於實驗派人士。所以當多田教授看了我的論文和資料後，曾對我說：「你的論文讀再多也派不上用場，還不如親自打造出符合理論的東西給我看」。

　　然後我開始學習用自己的雙手製作實驗用的裝置，並再

三進行實驗來求得其中的理論法則。換句話說，這種方法是為了要培養我重視親身求得實驗結果的觀念。雖然身為理論派的我對此感到不滿，但後來我還是逐漸瞭解到，這是很重要的觀念，因此自行製作實驗用的裝置也成了家常便飯。

至於我如何在沒有研究經費的情況下自行製作實驗裝置的問題，當然就是靠收取某些工廠裡不要的電子機件、破銅爛鐵來解決。我用焊接的方式組合出管線、板金等各種機組零件，盡力製造出適合實驗標準的器材。雖然我進行作業的地方被稱為研究室，不過裡頭的環境實際上卻比較像是廢鐵加工廠。我在那裡所做的事情，就像小時候為自己打造玩具一樣。此外，我所能收集到的材料並不充足，光是組合一個零件都會耗費掉我不少心力。所以當我一邊製作裝置時，大腦還會一邊想像著完成品，因此常會為了究竟合不合規格或特定零件的必要性大不大，而考慮老半天。

─ 沒有培養想像力，就無法動腦產生創意

我在多田教授的研究室裡學到，製作物品最需要靠想像力。這和機器可以不斷量產相似產品不同，人類製作物品時

會修正錯誤，以求得較佳的結果。必須一邊動手組合零件，一邊預測成品可能會出現的優缺點或額外產生的作用。但如此過程其實未必能出現絕對優良的成果，因此為了確保成果是好的，我們必須再次運用想像力，從其他的角度切入問題。

自行製作物品就像持續重複著失敗與想像的過程，而在運行這個不斷重複的過程時，有辦法從中尋求出有創造力的稀奇點子。而且即使得出了失敗的成果，善用想像力也有辦法化腐朽為神奇。此外，讓腦中的知識和創意加以運轉的也是想像力，所以當我們擁有豐富的想像力時，就可以讓創造過程變得更順暢。

我也是因為想像力的幫助，才能順利地運用自己的實力。不管是德島大學的多田研究室，還是日亞化學的產品研發課，雖然這兩個地方都沒有充足的資金可用於研究，但如此窘境下卻迫使我不得不運用想像力，試著讓研發計畫得以運轉。很多工作都會遇到這種情況，不過我認為，研發的工作特別需要求知若渴的精神，而求知若渴的精神更有助於想像力的產生。

將想像力用於研發新產品時，是沒有固定的起點。基本上，所有嶄新的產品都要從零開始。正因如此，發明和創造

才會需要豐富的想像力。

　　總之，我在多田研究室和日亞化學的產品研發課裡，瞭解到製作物品就是從零開始做起，即使這兩個地方都下達了不可能的任務，結果上還是可以靠動手實作孕育出成功。

　　由於當年多田教授不厭其煩地強調自行製作實驗裝置的重要性，因此這個重要的理念深植在許多學生心中。連我這個本來是偏重於理論的學生，也在日亞的研究室裡像個笨蛋一樣，從早到晚都在進行組裝器材的工作，即使全身上下都沾滿油汙也不肯輕易放手。

　　當時要是被知名大廠的研究員看到我的模樣，肯定會被我所做的傻事嚇到吧？因為我和他們不一樣，沒有錢可以在研究室好整以暇地工作，必須拼命地拿出所有能力製作實驗裝置。他們也許還會覺得研發工作不該是從零進行到十，而是從一開始順利地進行到十一，因此我的所作所為只是在證明自己很傻。

　　不過，事實卻完全相反，真正愚笨的人是那些頂著知名大學學歷的人。我穩紮穩打地從零開始做起，得到的結果就是讓自己的研發計畫獲得穩固的基礎。此外我也證明了只靠自己一個人，也可以讓研發進度從零開始並獲得成果，以及萬丈高樓平地起的觀念不只是發明的第一步，也是創造

的第一步。

　　想親手製出符合實驗規格的裝置，就必須在作業中運用強大的想像力，所以，每一個零件是否物盡其用都必須絞盡腦汁。透過無中生有的實作理念，讓我得以將藍色發光二極體製作出來，而在發明之路上這也成了我的寶貴經驗。我不禁認為，如果當年我沒有培養自己的想像力，那就不會在製作物品時多動點腦筋了。用既有的實驗裝置雖然方便，但卻不利於培養研究者的想像力，所以那些知名大學出身的研究者們，在無法體認到這個事實的情況下，結果只能讓自己的成就遠遠不及我這個鄉巴佬。

一 失敗連連也不輕易放棄

　　我在日亞化學的第一個研發工作，就是以磷化鎵結晶製作半導體相關產品。因此研發工作上的第一步，就是擁有一台結晶爐。然而購買結晶爐需要有大量資金，而我也不希望花大錢買來的結晶爐，因故障而變成沒用的廢鐵。所以我一開始就在公司到處撿拾用不到的廢棄品，然後再試著改造成結晶爐。此外，為了培養磷化鎵結晶，我還必須有透明的石

英管。不過因為研發預算不多，所以我也不可能購買大量石英管。因此我只好用焊接的方式組合撿來的二手石英管。說我這些作法是回收再利用也不為過，如果當時像現在一樣環保意識高漲，我大概還會被大家表揚吧？

話說回來，工作中不管是任何決定，我都是自己一個人執行。不管是打造磚窯、熔焊聚合物和透明石英管，還是熔切石英和煤炭，一切的工作都是由我一個人進行。此外我也必須做好以遮熱材料包覆電熱裝置和配電的作業，甚至還進行過玻璃工藝等級的高溫作業。

當然，我也常常製作出失敗品，所以一個月大約會有兩到三次的爆炸意外。這是因為我手工組裝石英管的技術不夠到位，焊接的部分出現裂縫，使空氣和裝置內環境產生反應，所以才會出現爆炸意外。

我使用的是水平定向結晶法，這必須讓真空石英管處於加溫的狀態，使裡頭的紅磷和鎵互相反應。由於紅磷是製作火柴和火藥的原料，因此我等於是將火藥放進石英管中加溫。如果溫度太高並且混入空氣，自然就會產生爆炸。如果是使用品質良好的石英管，就不會輕易地在反應中混入空氣。然而我只能自行製作石英管，所以多少會製出有裂縫的劣質品。

　　當火藥和空氣作用後所產生的轟然巨響，甚至在一百公尺外的停車場都能聽到。當然，聲音既然這麼大聲，實驗室的情況也就更危險了。此時結晶爐不但會被炸飛，整個房間裡都是紅磷燃燒所產生的白煙，光看就會讓人以為有人用麵粉模擬出烏雲密布的天氣。

　　原本公司的其他員工聽到爆炸聲還會嚇到跑來問我：「中村你沒事吧？你應該還活著對吧？」而我也會像個幽靈一樣，默默地從白煙中走出來。

　　不過隨著爆炸次數越來越頻繁，其他員工聽聞爆炸聲後的表現，就像是說：「中村那小子又出包了吧？」一樣，開始懶得過來查探實驗室的狀況。

　　後來，這個重視焊接的工作持續進行了四、五年，雖說我這個人有些粗線條，但這種常常出差錯的工作生活也開始讓我感到厭惡。即使我在研究所是以高分成績修畢，但是這樣的拖泥帶水的工作進度，不免讓我覺得自己的人生將要以碌碌無為的形式完結。我開始質疑自己到底是為什麼去大學唸書，也覺得自己的人生一事無成，幾乎快要被挫折感打敗。

　　不過，當我出現這樣的狀態時，會重新調整思維，盡力讓自己進行研發工作。我會鼓舞自己：「雖然不是很順利，

不過不要太在意，因爲這是我的工作，也是研究的一環」。
這時我的心情就像是學生時期練排球一樣，開始重新振作起
來。

不管我輸多少次，也不管排球實力是吊車尾的程度，我
心中總是會想著：「再拼一下吧」。所以每當我遭遇困難，
都會鼓起勇氣對自己不斷地說：「再努力拼拼看」，並且一
步一腳印地讓自己的球技進步。雖然我在工作上持續失敗，
不過也因爲失敗中累積的經驗，漸漸發現到其他可能成功的
方法，因此才能在過程中逐漸露出成功的曙光，並開始進行
下一個實驗階段。

雖然只是簡陋的研發器材下的成果，不過在那十年內我
還是成功製成三項產品。

如前述的磷化鎵複晶體，還有砷化鎵的複晶體和單晶
體，以及適合製造紅外線及紅色發光二極體的砷化鋁鎵磊晶
片。至於這些東西的詳細介紹比較偏向專業領域，故在此略
過不談。

不論如何，隨著這些產品的研發成功，也證明我在發明
上擁有很實在的本領。而且我也在努力之下，讓焊接技術達
到出神入化的地步。雖然你可能會覺得每天從事焊接作業當
然會越來越熟練，但一般來說，企業所僱用的研究員根本不

會接觸與焊接相關的事務。他們平常大多會待在辦公桌前分析數據，不然就是等著實驗結果出現，至於焊接方面的工作，通常會委託專門的焊接師父進行。換句話說，焊接不是研究員必須親自進行的業務。

正如我在前文不斷強調的重點，我遇到的狀況和一般研究員相差甚遠，在沒有預算的情形下，我只能從早到晚親自焊接實驗裝置，每天所進行的作業幾乎等於焊接師父的工作。不過也多虧了這些狀況，我才能擁有焊接方面的專長，進而在日後的世紀大發明中派上用場。如此際遇，讓我不知道是否該說自己的成功其實也算是一件很走運的事。

我當初沒有輕易放棄從事焊接的業務，不是因為我有明確的未來規劃，當然也不是已經看出我將來必須為了工作善用焊接專長。而是基於「再多拼一下」的想法，從逐漸熟練焊接的過程中，打從心底對自己的技術進步而感到快樂。這種樂見於自己逐漸進步的態度，也幫助我迎向未來每一次的研發工作。更重要的是，我也從焊接、製作裝置的工作中找到了自信，讓我打從心底感到：「這件工作我已經駕輕就熟了」。

― 失敗中所蘊藏的可能性

由於我在不到十年的時間內，研發出三項和半導體有關的產品，因此對自己在公司裡的業績感到相當有信心。如果說有一道光代表著科技發展的機會，那麼當時的我已經充滿著將這道光化為現實的自信。而且我也發現到一個必要的方法，可用於研發那個充滿希望的新產品。

那是一個只要你沒經過磨練就無法發現的方法。

世上的人們常常會說失敗為成功之母，雖然這個觀念的確沒錯，但我認為通往成功的道路上，還會有各種不同的失敗等著你。而且在多不勝數的失敗裡，並不是每一個都能發掘造就成功的機會。如果能在其中一種失敗發掘出機會，那麼成功自然就是手到擒來。反之，就代表成功的機會還在其他失敗中等著你親手發掘。此外，當中的機會也會漸漸讓你瞭解失敗的原因。

如果沒有將失敗的原因看在眼裡，自然就不可能會發現成功的道路。即使你能選擇出不太可能會出現失敗的方法，仍舊難以令你走上成功的道路。

在失敗所產生的成功機會中，甚至還有值得讓我們鎖定的目標。當你在遭受到失敗時，不妨試著去觀察或仔細地親

身體會，這麼一來就很容易釐清失敗的原因。你甚至還能直接體會失敗的原因，這麼做比間接體會還要更易於防止失敗發生。

例如我所製作的實驗裝置老是出現爆炸意外，但是在親眼觀察失敗的原因後，下次就能迴避同樣的錯誤。由於我本人離爆炸現場很近，因此可以從中實際體驗到當時的變化。反之，如果我只是取得失敗時的數據，那麼就得多花點腦筋解讀數據中的抽象概念。這和分析照片中爆炸時所拍攝的狀況、地點不同，那會比較難瞭解失敗當下的狀況。畢竟光從數字和文字解讀，只能間接理解失敗時的情況。

由於只靠數據間接解讀，因而難以摸透事物的本質，也常常造成無法瞭解真正的原因為何。若是無法瞭解失敗的真正原因，那就無法從中發現成功的機會。

─ 擇善固執才能創造成功

我認為不管是什麼樣的企業，在研發方面至少會出現過一、兩次失敗。不過他們面對失敗的態度和我不一樣，他們通常不會探究失敗的原因中存有何種本質。也許他們認為不

探究失敗是一種很正常的觀念吧？對那些普通研究員來說，萬一研發結果不順利，只要更換實驗裝置或器材就可以解決，至於其他研發方式或想法只能算是備查的資料而已。

而我和他們不一樣，要是實驗過程不順利，就會開始質疑整個實驗裝置和實驗方式是否有誤。如果只是替換全新的裝置或調閱其他研究資料，是無法在根本上解決問題的。

就我個人的看法而言，同一種類的研究大致上都是使用相同裝置，一旦在成果上有問題，就表示實驗裝置才是整個問題的源頭。所以研究中必須先懷疑實驗在根本上出了問題。而我的因應措施是徹底檢討實驗裝置是否正確，否則就重新製作裝置。當我在失敗中重新出發時，就能探尋出更為具體、也更為直接的成功機會。

雖然有些厚臉皮，不過我自認自己的理念和諾貝爾物理學獎得主——理查・費曼相似。費曼博士曾和朝永振一郎博士一起完成量子電動力學的論文，他小時候習慣在自己的房間裡製作各種科學儀器，甚至還會自行組裝收音機。雖然幼時的他會因為實驗失敗而造成火災意外，不過他下次購買器材時會變得更加精挑細選。

當年的費曼先生也解釋：「雖然我下點苦心就能將故障的收音機修好，不過我倒認為自己發揮的不是科學方面的

才能，而是不輸給任何人的『毅力』」。對費曼博士來說，故障的收音機其實不是太大的問題，重要的是故障原因究竟為何。而面對這類問題，費曼博士會更顯執著，甚至讓委託他修理收音機的小朋友們退讓三分，反過來要求費曼博士：「修到這樣就夠了，拜託你別再繼續研究下去了」。小時候的費曼博士即使被朋友這樣要求，還是不肯輕易放棄。由此可見，費曼博士不只是因為自己的興趣才徹底地修理收音機。

當我聽到這則故事時，由衷認為費曼博士的個性跟我很像，因為我對於實驗裝置的組裝也是相當擇善固執。我這麼做的主因不是想迴避失敗，而是想要解開自己對器材上的疑問，才會在過程中更顯執著。也因為這樣的性格，我才能自然而然獲得成功。

― 親力親為的工作態度

我認為比起有一百件待完成的研發製品，先完成一件研發製品會更重要。即使手邊都是即將完成的半成品，那還是無法讓這些半成品發揮實質的效力。所以工作效率和速度不

是這個行業必須著重的觀念。不管是什麼工作，只有毅力和
恆心才有辦法讓人達到目的。如果在研發時無法穩住自己的
心境，那就只會製造出上不了檯面的半成品。

　　只要可以用不輕易放棄的觀念研發出一項完成品，那麼
其他的研發業務也就能用相同的觀念順利製作出來。因此我
認為不管研發過程中會遭遇多少失敗，都要有不輕言放棄的
精神，鞭策自己將完成品製作出來。不用害怕工作效率不
高，也不要將花費的時間放在心上，反而應該認為效率雖然
較差，但多花點時間才容易確保工作上的成功。由於我習
慣一一查證失敗的原因，所以我在工作效率上當然比較差。
但不管任何問題都穩紮穩打地努力解決，才能發現成功的契
機。一旦我能經歷一次的成功，就能為下一次的成功上緊發
條。

　　在我進公司的第五、六年時，業務部的人跟我說，某間
知名半導體大廠需要製作紅色發光二極體用的磊晶片，因此
希望我能趕快動工。然而我的研究室裡沒有能進行液相磊晶
法（Liquid Phase Epitaxy）的儀器，即使向廠商購買也必須
等半年後才能送到我手邊，所以這會讓我有半年以上的時間
無法進行這項研發工作。

　　因此，我決定自行製作能進行液相磊晶法的裝置。結果

本來需要半年才能拿到手的裝置，我只花了三個月的時間就製作出來。

也許有人會問我為什麼不決定等上半年，然後先進行別的工作？而且這樣安排工作會更有效率。但我認為這麼做的結果對我助益不大，而且我也認為時間很充分，所以寧可自行製作出專門的磊晶法裝置，更何況我的實力也允許自己這麼做。

雖然我並不是費曼博士本人，但我對自己的毅力相當有自信，所以才會決定全程靠自己完成工作。而我也是因為屢次失敗，才能製出適合進行實驗的裝置，進而得到成功的研發結果。或許有人認為我的觀念是讓工作變得更沒效率，但我認為凡事都透過自己的能力徹底完成，才是最好的方法。原本我只是想親自試著製作相關裝置而已，結果沒想到只花了短短三個月就達成目的。在完成裝置的同時，也讓深植我體內的發明技術更上一層樓。

— 讓發明無中生有的心得

研發產品就像是一種藝術，不管多麼微小的發明，都必

須從零開始創造。決定物品創意的不是其中的方法過程，而是創造者本人的個性與能力。當創造者有能力發揮出獨到的創意和藝術性時，自然就能在研發過程中展現獨特的個性。

如果想要靠模仿他人來取得成果，那麼倒不如將工作交給機器人進行，因爲照本宣科的手法不需要運用人類發自內心的創意。此外，同樣是天才畫家，例如拿米開朗基羅和拉斐爾、梵谷和畢卡索互相比較，也能發現彼此的創意差別甚大。所以我認爲在研發產品上也有個人的差異。光是手法、思維和畫具的使用方式，每位天才畫家都會發揮出有別於他人的天才創意。

研發產品就跟創造藝術品一樣，隨著創作者的不同就會展現出不同的個性。因此我認爲，讓自己有能力實現創造力是很重要的關鍵。

古今中外的畫家幾乎都是透過獨創的畫技讓創作發揚光大。而研發產品也有相同的觀念，當研究者能用自己的方式創造出全新產品時，自然就能獲得前所未有的成就。也因此，我才會在工作上堅持使用自己的方式，如果不能以自己的方式進行工作，那就無法讓研發計畫起步。

日本在研發上最欠缺的就是堅持獨創性的思維，我甚至認爲日本在其他領域上也必須以獨創性爲重。然而日本卻始

終不正視這點，尤其在必須靠個人實力面對競爭的世界裡，日本的觀念在國際上可說是太過於落後。

不管是研發產品或其他領域的發展，日本一直以來都是以集團和組織的意識為優先，因此較不重視個人的個性和能力。日本通常有著團結力量大的觀念，比起單一的個人，經過眾人整合的意見和創意會來得更好。

但是這種觀念太過武斷，因為多數人的意見會壓抑獨創性的思維，讓有創意的想法難以伸張。這一點只要以藝術來舉例，就能瞭解我為何特別重視獨創性了。假使世上所有的繪畫必須在人多口雜的狀態下決定創作方向，那麼畢卡索肯定無法展現出屬於自己的獨到創意。只要他在作品中畫上一筆，馬上就會受到眾人的抨擊，並且修正為大家都能看得懂的表現，直到畢卡索的畫不再是發自個人創意的創作。不管是米開朗基羅、梵谷、貝多芬、莫札特，他們從不透過眾人的意見進行個人創作。

研發產品也和藝術創作一樣，必須從零開始逐漸醞釀成形，因此最好要有強大的獨創性思維。只是隨著他人起舞是不可能創造出全新的產品，因此我討厭藉由會議來決定如何製作物品。其實很多上班族也很討厭這種被牽著鼻子走的管理方式，因為這種手法會抹煞個體的特性。即使能提出充

滿原創性的意見，並且再三陳述意見中的特色，結果還是會被管理階層的人們忽視。本來在個性上有稜有角的員工，就會被會議討論磨得平滑無奇。所以，藝術作品的誕生才會不需要由會議決定創作方向，因為藝術重視的是創作者獨特的個性。

　　當然，我也知道藝術和研發產品是不同的行業，繪畫和音樂所牽涉到的領域不能和研發歸為同一類。然而藝術和研發一樣，都必須透過一定的手段、使用一種工具，從無當中創造出充滿獨創意識的事物。

chapter 06

獨樹一格的
中村流創意

我能成功研發出藍色發光二極體，

就是因為我一方面重視實驗，另一方面又習慣長時間思考。

― 想做的事就該好好做

其實，我是在自暴自棄的心情下，著手研發藍色發光二極體。

進公司十年以來，我成功研發過三樣產品，只是每一樣都沒有太出色的銷售成績。雖說那些產品各有一百萬到兩百萬日圓的價值，但賣不出去就等於是做賠本生意。因此，當時我在公司內部的評價可說是差到底了。每個人看到我都一副很有意見的樣子，簡直把我當成公司裡專門養來賠錢的米蟲。

由於當時公司的螢光體銷售成績不錯，因此負責研發螢光體的主管知道我的產品銷售不佳時，便對我說：「我們辛苦賺來的錢，可不是要拿給你做玩具的。要是你只想搞自己的賠本生意，那就快給我滾出公司」。

關於這件事，我的真心話是：自從我進公司以來，從未對公司有過任何怨言，對業務部門和上司的指示也會確實執行，所以我研發的產品裡，從來沒有一個是按照我個人意願來執行。更何況，那些產品是因為上司的命令才展開研發工作，真要歸咎銷售成績不佳的原因，該負起責任的應該是那些將企劃案強推到我身上的業務部門和上司。然而，他們卻

把所有責任轉嫁到我身上,這樣豈不是倒果為因嗎?

再說,我不過是照著公司的指示研發產品,即使歷經多次失敗也拼著老命完成。如果我當初沒有將產品研發出來,有人因此對我有意見,我也會默默接受。可是他們不但不念在我確實完成公司指示的苦勞,還不斷冷嘲熱諷,所作所為根本蠻不講理。此外,我也沒有因為帶頭研發新產品而加薪,甚至比我晚進公司的員工都已經升官加薪,而我的待遇卻還停留在小職員的程度。

因此,我開始對公司感到不滿。進公司的第十年,這份不滿的情緒也漸漸爆發。經過反覆思考後,我打定主意要照著自己的想法做事。我回憶十八歲剛進公司時的願景,那時我就打算「照著自己的想法、自己的決定行動」。然而我卻不知不覺地忘了初衷。只要是別人的吩咐,我都會二話不說馬上去辦。但這麼做的結果,公司卻給了我一個相當不合理的待遇。既然不管我做什麼,公司都會有意見,那我就不想繼續當個言聽計從的乖乖牌。所以我當時決定,今後只照著自己的意思工作。換句話說,就是靠自己出主意,再照自己的意見工作,然後做出自己想要的東西。由於我已經不怕因此被公司炒魷魚,所以對於該如何進行工作,也開始抱著無所謂的態度。

　　於是，我直接跑到社長那裡說出我的計畫。即使知道這個計畫最終會招致失敗，但我還是抱著自暴自棄的想法拜託社長：「我想研發藍色的發光二極體，請社長您讓我開始研發吧」。「為什麼你要開發藍色的發光二極體呢？」理由很簡單，因為從來沒有人成功研發出藍色發光二極體，所以能研發成功的話，絕對能替公司賺進不少錢。

　　雖然我的回答很豪邁，但連我自己也知道，我一點成功的根據也沒有，因為那完全是個沒頭沒腦的請託。藍色發光二極體在當時是每個世界大廠、知名學者拼上性命都想研發出來的東西，而且在那之前也有過不少研發失敗的案例。在研發藍色發光二極體的歷程上，世上的每個人都完全摸不著頭緒，甚至可以說，二十世紀的科技無法發明出這種高難度產品。

一 當一天和尚撞一天鐘

　　若有人認為我瘋了，竟敢誇下海口企圖一手包辦這個重大任務，我也覺得很正常。如果這個計畫是由公司裡的精英研究員提出，或許還會得到正面回應，甚至也能讓公司高層

對成果有所期待。然而，這個計畫卻是由我這種稱不上精英的研究員提出，如果社長聽了，心想這等於是白白把錢丟進臭水溝裡，我也不覺得意外。

我那時早就有被社長痛斥一頓的心理準備。但難以置信的是，社長居然回道：「我會撥給你研發預算，你就放手去做吧」。後來，我也厚著臉皮要求五億日圓的研發預算。

當時的社長是小川先生。小川先生非常瞭解研究開發的意義何在。由於日亞化學是以螢光體起家的企業，因此相當致力於研發產品。據說小川先生的夢想就是製作出曾在戰時的叢林裡看到的藍光，而我和小川先生一樣也想實現這個夢想。既然想實現夢想，最不可或缺的就是研發產品的能力。所以，小川先生才會瞭解製作產品的重要性。

因此，我當時能遇到小川先生真是一件幸運的事。萬一社長是業務、行銷或企管出身的社長，絕對會對我的提案充耳不聞。小川先生會答應我的提案，想必就是因為瞭解研發產品的重要性吧？

當然，這件事在公司裡傳開後的發展也可想而知，但小川先生深知我過去為公司研發產品的成績，所以當其他人詢問為何允許我進行這種魯莽的研究時，小川先生會對他們說：「中村雖然是在吹噓沒錯，但他這種人不會做沒有意義

的事。那小子就是有辦法確實將產品研發完成，這和東西賣不賣得出去是兩碼子事」、「想研發螢光體以外的產品，公司裡就只有中村有這個能耐」。

如果我當時因為連續失敗的挫折，就此逃離研發產品的現場，那麼現在我的手上也許不會拿著藍色發光二極體吧？要是我真的照當時的打算，隨便當個焊接工虛度人生，對工作抱著得過且過的心態，小川先生可能連看都不看我一眼，我起初也不會有動手研發藍色發光二極體的念頭。

正因為我不管過程會遇到何種困難，一心只想完成這項產品，才敢當著社長的面將想法一口氣說出來。也因此我能將工作完成，讓公司高層看在眼裡。

雖然做任何事本來就要有這種觀念，但不論你是否在工作途中感到無趣，或是在進度上無法出現突破，最重要的還是在於肯貫徹到底的信念。只要你能貫徹到底，不管是什麼事，有沒有搞清楚狀況，你都會產生一切能包在我身上的自信。而在你貫徹到底之後，你的成果也會被他人親眼發現。即使剛開始只有微不足道的成功，也會成為連結偌大成功的契機。

一 有自信就該持續向前

我的請願得到了許可，因此開始一腳踏入藍色發光二極體的未知領域。不過在開始研發前，還欠缺有機金屬化學氣相沉積法（MOCVD）的知識，沒有瞭解這項學問，我就無法研發藍色發光二極體。於是，我決定到佛羅里達大學留學一年。

我這個出身德島的鄉巴佬一想到自己將在美國取得全新知識，並在學成後以世界一流的研究者身分回到日本，不禁讓我用非常興奮的心情前進美國校園。然而，現實卻和我的期待相悖。雖說我到美國是為了學習製造半導體結晶的技術，但就我所知美國在這方面的最新科技，我全部都已經學會了。換句話說，製作半導體的技術方面，我那時已經沒有其他的知識需要學習了。

雖然我到美國無法取得值得參考的資料、資訊，不過我卻也瞭解到自己的研發技術已經是世界級了。而且不只是我自己不曉得這個事實，就連公司身邊的人們也渾然不知。

因此我結束了既定的留學計畫，並且立刻返國。因為那時我已經沒有必須馬上學會的新知識，當然也沒有必要長期待在國外。

　　雖然那次留學沒有任何技術上的斬獲，但我也再度確認自己擁有正確的研發手法，所以我在充滿自信的情況下回國。

　　這份自信的源頭就在於全部研發工作，都是靠我一個人進行。從培養結晶到完成發光二極體產品，所有的步驟都由我親手執行。由此可見，我早就靠自修的方式學會發光二極體的研發技術。而我本來也是基於如此自信，才會決定挑戰研發藍色發光二極體。尤其在我到美國留學後也瞭解到，我靠自修學會的手法全是正確的知識。

　　在研發課工作的日子裡，雖然我都是靠自己一個人組裝機件、製作實驗裝置，不過直到那時，我才終於感到努力總算有了回報。那種感覺再說得精準一點，就是我發現到自己將發光二極體研究透徹的自信，確實是來自於正確無誤的知識。

― 決定好了就該立刻執行

　　也許當時日本沒有其他人像我一樣，對發光二極體瞭若指掌吧？畢竟我是靠自己的持續摸索，只用赤手空拳就摸透

了發光二極體的研發方式。

　　反觀世界上的其他研究者、知名企業研究員又是如何？他們能使用大筆預算進行研究，也可以出動大批人馬共同執行研發計畫。但比起徒手在現場親力親爲，他們用的是金錢和人海戰術。我認爲這個不同點就是決定性的關鍵，所以他們無法鉅細靡遺地確實瞭解發光二極體的精髓。而我則是靠著全程親自製作，才能對發光二極體瞭若指掌。

　　我從美國留學回來時，甚至認爲自己有十足的把握完成藍色發光二極體的研發計畫。

　　當我一回到日本，便立刻展開研發工作。因爲最初步的準備，也就是材料方面的問題已經先理出頭緒了。

　　當時最適合研發藍色發光二極體的材料有碳化矽、硒化鋅、氮化鎵。而在製作半導體方面，首先必須將藍寶石基板加熱至攝氏一千度以上，才能培養以上各材料的結晶。雖然過程中必須花很長的時間，讓結晶成長至數層薄膜的結構，但這麼做能控制發光二極體的成色，而且薄膜的品質好壞也會決定產品優劣。

　　總之，從這三項材料中選其一就是研發的重點。當時我認爲碳化矽所產生的藍光較暗，在市場上比較沒有發展。所以我爲了追求高輝度的藍色發光二極體，在硒化鋅或氮化鎵

兩者之間苦惱了很久。

　　不管是什麼人，一旦知道自己的抉擇將會大幅影響後續發展時，通常都會顯得格外猶豫。如果選擇正確，就能走上成功的道路。反之，我往後的人生很可能會難以再度翻身。

　　因此對我來說，決定硒化鋅或氮化鎵作為原料的抉擇事關重大。不過，我想那時的自己也是秉持著貫徹己意的理念，才會下了自認為正確的決定吧？

　　那麼，我又是以什麼標準進行抉擇呢？

　　氮化鎵比起硒化鋅有著較難以形成結晶的性質。尤其在必須使用結晶的時刻中，較難形成結晶的性質就會成為研發上致命的缺點。所以當時有許多企業的研究所、研究者普遍選擇硒化鋅作為原料，並在持續不懈的研究中，獲得點滴的研發成果。

　　當我們面對二選一的抉擇時，只要看到其中一種有明顯缺點時，十之八九會將關愛的眼光投向另一種選擇上。尤其是知名企業的精英級員工，他們的精英思維會將這種選擇視為正確的觀念。他們會認為，沒有任何理由不立即掌握眼前的成功。而且當研發計畫開始進行時，外部的贊助商早已投資了大筆的金錢，因此當然要選擇較為速成的方法。此外，當時世界上許多人也認為以硒化鋅研發藍色發光二極體會

有更高的成功機率，所以硒化鋅自然就是不二之選。再說每個企業都想率先推出藍色發光二極體的商品，所以在這種競爭環境下任誰都急著拔得頭籌。

　　當然，我那時也認同這是不得不為之的選擇。不，應該說是相當值得考量的決定。更何況這又是一項攸關世界級商品能否順利問世的抉擇，以最確實的成功之道決定自己的將來，就是這個世界的常識。

── 正確地認識身邊的環境

　　後來我的決定還是跟常識不同。選擇最確實的方法的確是邁向成功之道的捷徑，但要說這是正確的觀念，我認為倒也不盡然。因為每個知名大廠都會將「確實取得成功」視為營運重點，但這種理念對日亞化學這個小企業來說，仍舊難以在市場立足。當然，光靠我這個只會赤手空拳打天下的研究員，也不可能和知名企業匹敵。雖說我也覺得自己的決定太過魯莽，居然想以成功率較低的氮化鎵作為原料，但我認為氮化鎵並非完全沒機會取得成功。許多人會因為成功率趨近於零，而避之唯恐不及，但我偏偏會賭上那趨近於零的成

功率。

　　我會如此選擇，主要原因是過去十年來所受到的痛苦經驗。那個經驗就是我好不容易研發出來的產品，居然因為那是中小企業出品的商品，而被整個市場輕視。紅色發光二極體是由東北大學的西澤潤一先生率先研發出來，而我也是依照相同方式，親手將紅色發光二極體製成正式商品。在品質上，我對自己製出的紅色發光二極體相當有自信，也認為不輸知名大廠旗下的優質商品，但卻因為日亞化學的名聲不夠響亮而銷路不好。因為對消費者而言，知名廠商品質有保證，而德島的鄉下小公司說不定是拿劣質品出來賣，連拿在手上都可能會有危險。此外，我的產品也因為銷路不佳而被公司裡的人視為廢物，當時實在是讓我受盡煎熬。

　　所以我才會覺得再次研發出和知名企業完全相同的產品，也難以讓銷量出現起色。要是我決定用硒化鋅作原料，那麼做出來的藍色發光二極體也不會比知名大廠的商品還要吃香，甚至還會讓我重蹈覆轍。身為吃公司飯碗的員工，我已經不能允許自己失敗第二次了。

　　由於我必須要讓小企業產品擁有大企業所沒有的賣點，因此我不選擇知名大廠普遍使用的原料，反而將擁有缺點的氮化鎵作為我搶得勝利的必要籌碼。

─ 時時懷疑「這個世界的常識」

如果我打從一開始就是知名廠商、大學的研究者，我肯定不會有走險棋的想法。在我的眼中，「是否能賣出去」成了我下判斷的標準。這種小企業才會計較的視點，也像是創業者所擁有的視點。由於我想和知名大廠一較高下，因此我得用獨特的產品作為企業戰場上的關鍵策略。為了達到異軍突起的效果，我必須使用與知名大廠不同的材料進行研發。

所以我打算靠「沒有常識的選擇」來顛覆這個世界的常識。當然我的考量並非建立在沒有常識上，而是我發現這世上所有的科學家，一直拼命用常識研究藍色發光二極體，卻依舊沒有傳出研發完成的消息。我不禁猜想，會不會是他們的研究視野被局限在常識的範圍，或是礙於權威、專家的名氣，讓沒有根據的常識使研究不斷陷入死胡同。

所以我選擇「成功率趨近於零」的氮化鎵，也沒有什麼好稀奇的。既然知名大廠幾乎不使用氮化鎵，那我不如秉持著創業精神勇於嘗試不同的事物。要是以氮化鎵為原料的藍色發光二極體，真的能取得完美的成果，那麼日亞化學也一定能從中獲得大筆利潤。

另外，我還有一個選擇氮化鎵的理由。那就是我非常想

要有一個主題，能讓自己寫出一份論文。

　　其實我在美國留學時，就有一個想法。雖然我曾自行研發出三項產品，但卻沒有相關的研究論文。所以在沒有論文能證明我的真材實學下，我的能力就被美國大學給忽視了。我之所以沒有寫出研究論文，是因為產品內容涉及企業機密，因此撰寫論文在日亞化學是被禁止的行為。對美國而言，既然我沒有論文和公開的研究發表，當然就不會將我視為研究者，只當我是一個幫公司賺錢的普通員工而已。因此美國舉行的學術會議從來沒有邀我出席，當時受到的屈辱讓我難以言喻。

　　我認為自己在研究上的實績和技術，比美國的研究者還要高明，可是卻因為沒有論文而不被美國大學重視。

　　所以，我決定無論如何都要寫出一份藍色發光二極體的論文給大家瞧瞧。唯有如此，才能讓全世界認同我這個不知名的德島鄉巴佬。而我也知道以硒化鋅為主題的論文絕對無法達到我的目標，畢竟關於硒化鋅的論文早就被他人研究透徹了。如果我還以硒化鋅為主題，那麼像是炒冷飯般的論文內容，只會讓我繼續不被重視。所以，我不得不將自己的研究主題放在顛覆常識上。

　　就這樣，我個人的目標和「賭上趨近於零的機會」的動

機利益一致，所以氮化鎵就成了我研發藍色發光二極體的原料。而且即使我沒有成功研發出完美的藍色發光二極體，我當時也覺得氮化鎵是值得一寫的論文主題。畢竟，那是從未有人研究過的領域。

一試著從「沒有常識」的想法中發展

仔細想來，勇於挑戰新事物的思維確實是研發工作最需要的觀念。只靠既有的常識進行研發，就只是從事著平淡無奇的作業。而顛覆常識可以產生出新鮮有趣的創意，因為你不知道接下來的發展還會迸出什麼樣的火花。而且只靠著常識生活，在面對未知事物時只會持續處於不知道的狀態，進而使自己成為常識的俘虜。

人一旦陷入常識的框架中，就會難以跳脫出來。很多人都是因為常識的關係而讓自己沒有任何作為，我甚至覺得常識根本是一個會束縛人心的詛咒。

日常生活裡，常常都能聽到有人說：「你不知道這是常識嗎」、「你有沒有常識啊」，而被這樣說的人也會感到些許自卑。由於某些事物是人盡皆知的道理，所以在發現自己

因爲不懂道理而變成眾矢之的後，就會試著讓自己變得有常識。因爲只要能隨著常識的步調行動，就不怕被他人指責沒常識了。

雖然研發作業多少也要隨常識進行，不過常識也會成爲影響個人工作能力的枷鎖。如果用沒有常識的行動工作，就會被眾人孤立。樹大招風的結果不只會受到他人的指指點點，也會因爲自己的表現太過突兀，而遭到同事、上司、同業的圍剿。因此，公司裡的每個人都只好乖乖隨著組織的意志行動。

即使你是個有能力的優秀人才，也會被組織的意志埋沒，不將個人實力顯現出來的觀念也會成爲組織中的常識。一旦個人在工作上有任何成果，都會視爲組織或公司的功勞。

正因爲這種風氣，才會讓所有員工的個人實力無法跨越常識的界線。

員工們也會開始陷入頹喪的情緒，覺得既然自己靠實力取得的成果會成爲公司的功績，那麼凡事就不用太努力，只要在工作時做個表面工夫就夠了。到最後整間公司也會無法產生全新的創意。

那麼，我們該如何無視社會的常識枷鎖，把自己的實力

充分發揮呢？我個人的方法是打從一開始就把常識給拋棄。我知道自身被常識束縛的部分越少，就越不會被常識牽著鼻子走，因此我才主動讓自己變得沒有常識。

如果我按照常識選擇硒化鋅作為材料，那麼我的研究從頭到尾都會被既有的業界常識給束縛，說不定最後還會被研發失敗的後果給擊垮。雖然選擇氮化鎵是反其道而行，但我卻能自由地按照個人想法進行研究。

研發的過程裡，我開始認為這種排除周遭常識，按照己意進行研究的態度才是最好的方法。

後來，我也決定不參考他人的論文、研究成果等所有相關資料。而且我也從過去十年來的經驗中發現，阻礙著自己的東西就是所謂的既有常識。

也許你心裡頭會「咦？」的一聲，並覺得這種決定未免也太武斷了吧？因為不論是進行研發計畫還是新工作，至少都要先過目一下他人的作法或參考資料吧？而且相關的有利情報通常是越多越好才對。如果沒有範本可以參考，那麼不就等於要多浪費時間去摸索嗎？更何況大家都知道閉門造車無助於達成目標。

不過，我還是希望各位讀者在這麼做之前可以多想想：盡可能擷取更多參考資料來幫助自己工作，這本身就是一種

模仿他人的行為,而且所謂的「收集情報即是常識」的道理,也是約定俗成下所形成的常識。如果你的動機只是單純臨摹倒也無妨,但如果是親自進行全新的挑戰時,模仿他人只會讓你的所作所為顯得沒有任何意義。明明自己沒有完成任何東西卻只會拾人牙慧,這種情形就跟親手證明自己是失敗者沒兩樣。

所以我覺得:「還不如花時間和體力,親自摸索未知的事物會更好」。當你花時間和勞力自行探索方法後,除了能掌握住成功關鍵之外,你也能確立屬於自己的訣竅。即使你可以擷取過去的資訊或參考許多相關文獻,但從中導出的所有成功都不會是你的成就。而這一點,正是現今許多研究員都會犯下的錯誤。

─ 不將他人的行事方法看在眼裡

我過去的十年裡,一直用「參考他人」的錯誤觀念工作。需要展開研究時,第一個步驟就是參考他人的論文和實驗成果。當時我也認為,如果想順利成功,凡事先參考他人就是最安全、也最有效率的方法。

不過，後來我發現這種觀念反而讓自己跌進了大坑。而我也悟出了一個道理，那就是研發新產品要先遮蔽自己的眼界，並專心一意地摸索充滿未知的知識叢林。因此不將他人的作法看在眼裡才是正確的觀念，而模仿他人只會讓我的「新產品」出現自相矛盾的窘態。

我領悟了這個道理後，便開始進行研發藍色發光二極體的工作。而這時我也為了確保自己的研發工作能步入前所未有的領域，因此刻意不看他人的論文、實驗成果。此時，我不再只會參考他人的成果，從一到十全部照單全收，而是憑著自己的實驗成果在研發工作裡下判斷。

也許在旁人眼中，我的方法只是徒增勞力而已。以關西的說法，大概就是笨人專做笨事吧？不過，確實地親眼觀察、親手研究的美好過程，卻是任何方法無法比擬的。而我也隨著一步一腳印地向上探索，逐漸覺得自己像有機會攻頂聖母峰一般。

其中的重點就在於我是用自己的方法，如同「只靠一雙拖鞋就爬上聖母峰」一樣。我徹底排除模仿他人的動作，並下定決心只關注自己的實驗成果。

我日復一日以這種觀念走自己的路，並耐心等待成功的到來。

在製作藍色發光二極體時，首先需要將氮化鎵結晶培養出薄膜結構。至於培養結晶的工具，就是能進行有機金屬化學氣相沉積（MOCVD）的專門裝置。所謂的氣相就是固體汽化後的氣體，而沉積就是將材料培養成結晶。簡而言之，我必須從阿摩尼亞中取出氮元素，以及汽化的鎵金屬中取得鎵元素，然後讓兩者像塗料一樣附著在藍寶石基板，接著花上一段時間就能培養出結晶薄膜。所以在這個步驟中，是否能製出漂亮的薄膜，就是藍色發光二極體的研發關鍵。

但是，氮化鎵最大的缺點就是生成結晶的條件較為嚴格。雖然步驟中必須讓汽化後的材料在藍寶石基板上方飄動，但產生結晶的反應溫度必須保持攝氏一千度，然而溫度太高又會產生過剩的熱對流。所以，當汽化後的材料持續翻騰，就無法順利製作出結晶。

所以有一段期間，我每天早上七點一進公司，就會改造裝置到晚上。我在研究紅外線發光二極體的製作裝置時，也是像這樣花一整天親自改造裝置。通常我都是上午改造機件，下午檢查進行實驗時的反應情況。視實驗的結果，我會繼續以改造的方式對裝置進行微調。我就是像這樣，日復一日地操演著相同的工作。

一 跨越人生中的低潮

我維持這樣的工作進度又過了半年，我發現自己一整年完全沒有得出研究成果。

由於遲遲沒有得出成果，老實說我當時也開始感到不安了。雖然最初我也知道自己是在進行魯莽的挑戰，但我依然勉勵自己：「再多拼一下」，不斷用積極樂觀的態度面對難題。然而畢竟我是孤軍奮戰，所以不安的感覺總是揮之不去。我後來出席研討會時，還聽到某個德高望重又是知名大學出身的教授打包票：「氮化鎵做不出藍色發光二極體」。所以我這個鄉巴佬聽了便開始憂鬱起來，因為手邊沒有太多資訊的情況下，我不禁覺得自己的研發工作就快要完蛋了。

後來，我的處境就像被追打的落水狗一樣，公司的研發預算也開始緊縮，我的研發工作已經到了舉步維艱的程度。

雖然打從一開始，外界的狀況總是會影響我的心情，不過我本身的狀況也在這時開始出現變化。我變得不在乎外界無謂的意見，將精神集中在研究上。同時，我也發現自己已不再覺得惶恐不安了。

我開始將心思用在改造裝置和進行實驗上，腦裡整天想的都是藍光製品。

　　後來漸漸地，公司方面的電話也不再打過來。由於公司常常會接到贊助商的電話，所以通常會轉接到研發課詢問製品的相關內容。每次電話打過來時，我都得暫停工作回應對方，因此這反而讓我難以將精神集中在工作上。另外，藍色發光二極體的實驗必須以手動的方式進行，我平時就得站在真空管旁切換啓動開關，否則研發工作無法進行。

　　總之，只要電話別打過來，我就能將精神集中在工作上。而那段期間，從早上進實驗室後我都不再受到電話的干擾。

　　此外，我也開始不參加會議。在不被無聊的會議和電話影響下，我總算能專心工作。漸漸地，就連公司的其他人也不再過問我的工作狀況，當時我工作上唯一的交談對象就只有一個實驗助手而已，不過就連他也變得不太開口找我說話。這時我已經無視研發以外的業務，所有心思都傾注於藍色發光二極體的研發裡。當然，我也逐漸被公司裡的所有人當成怪胎。

　　不過，我知道自己畢竟是獨行俠，而且以氮化鎵製成藍色發光二極體的機會不到百分之一，然後又開始拒絕和外界溝通，這些行爲會被大家當成怪胎，也是理所當然的。所以我把這種狀況視爲考驗，而對抗考驗的武器就是工作上的實

驗結果和忍耐。除了「再多拼一下」之外別無他法。

　　在這過程中，不管我再怎麼改造裝置，氮化鎵始終無法產生薄膜結構。我日復一日都在煩惱著為何裝置無法製出薄膜結構的氮化鎵。腦海裡都是想著為什麼會這樣？到底是哪裡有錯誤？

　　我死命檢討自己的研究觀點，並且不斷陷入深沉的思考中，結果在找不出對策的情形下，心情開始變得異常低落，而工作上的難題依然找不出答案。

　　如果是普通人的話，通常就會在低潮時期放棄這種工作吧？不過，我個人選擇了不一樣的出路。我認為自己有能力急起直追，現在先讓自己潛入最底部，也是一個很重要的過程。對其中的部分難題妥協，只會形成高不成低不就的結果。此外，我是因為無法湧出頗具獨創性的靈感，所以才會無法化解困難。因此徹底讓自己陷入低潮也是必要的手段。

　　我覺得自己會在各方面都徹底注意到後，將情緒沉進湖中深處，直到我發現已經探到最底部時，才感到自己的身體即將輕飄上浮。當我還在為這時的感受覺得納悶時，往往會很神奇地發現到身邊的難題已經有了解決之道。就像自湖底逐漸看到點點光芒，直到整個人浮在湖面上享受陽光的恩惠。

　　我在以往的經驗中確實會進入這樣的狀態，這就像是我即將邁向成功的模式一樣。過去十年來研發出的三項製品，在完成階段中都是先經過這種低潮狀態，然後才在研發工作裡獲得成果。

　　這次就連藍色發光二極體也不例外，我開始進入了拒絕和外界溝通，長時間默默思考的狀態。然後，有天突然靈光一閃，發現到了解決難題上的突破點。

　　而且這不可思議的靈感也和以往一樣，不由得令我相信自己受到上天的眷顧。

　　我所煩惱的就是那漂亮的氮化鎵結晶遲遲無法完成，由於裝置中的高溫會產生較強的熱對流，所以如何讓汽化後的原料不再翻騰，就是我的煩惱源頭。

― 從他人的意見中找出提示

　　為了改變一下心情，我出席了某個應用物理學的研討會。在偶然情況下，我終於發現到一個解決問題的重要提示。

　　東北大學的坪內和夫先生長年以來不斷研究氮化鎵，而

當時他正好要在研討會上發表 MOCVD 的裝置。當我聽到坪內先生的研究發表時，忽然覺得有些話從耳朵鑽進我腦裡。那時我聽到坪內先生研究室中的 MOCVD 裝置，能讓已汽化的材料推至上方流動，並在這樣的環境下製出結晶。

我所接受到的訊息不是單純的讓氣體「往上方流動」，而是「推至上方位置使其流動」。其實，我也不太清楚坪內先生是不是故意用這種方式形容。也許他當時說的只是讓氣體往上方流動而已。不過，我認為也可能是他習慣在實驗中用特別的講法，藉此表達某種特殊方法的微妙特徵。

不過我還是對他所說的話頗為敏感。既然坪內先生說推至上方，那麼我的裝置也許該改成將氣體推至上方。但只是往固定方向流動的話，我想還是一樣無法達成研發目的。相較於坪內先生的往上方單一方向流動，我的裝置是不管往上還是橫向，都不會固定往單一方向流動。所以我想試著多加一個流向，使實驗環境中的氣體往兩個固定的方向流動。

我一回到公司後便立刻開始進行實驗。這次我想讓汽化材料的流動幾乎和藍寶石基板平行，同時也讓熱對流持續往上推動材料的裝置。換句話說，我要做一個「雙流向 MOCVD 裝置」。

一九九一年八月十一日，我還是老樣子正在檢視裝置所

得出的數據。但我看了之後，不禁「啊」的喊了一聲。因為紙面上所印出來的霍爾遷移率（Hall mobility）是二〇〇。

這裡所說的霍爾遷移率對許多讀者來說可能有些專業。簡單地說，這個數據代表著藍寶石基板上的氮化鎵結晶表面之電子移動速度。

只要結晶的結構越完整，電子移動速度就越快。如果結晶本身有缺陷，只要受到一點熱量，結晶的結構就會發生損壞。而結晶容易損壞，也意味著藍色發光二極體的使用壽命會很短。由於發光二極體的存在就是為了取代電燈泡，所以使用壽命太短就無法成為賣點。換句話說，我很希望能求得較快的電子移動速度。然而在那一天，我從實驗求出的霍爾遷移率數值，卻遠遠超過當時世界最高速的一〇〇。

我的雙流向 MOCVD 裝置突然得出二〇〇的數值，不只比當時最快數據還要多上一〇〇，這表示我求得的結晶結構在完整度上相當高。所以我在看到的那一瞬間還以為自己看走眼，也懷疑只是一小部分結晶結構比較完美罷了。

在我這麼想的同時，我又把基板上的結晶放在手中揉成碎片，然後又檢測了好幾次。結果，全部的碎片都測得二〇〇左右的數據。此時我不再懷疑眼前的事實，我確信自己做出的雙流向 MOCVD 裝置能製出高品質的氮化鎵結晶膜。

我的努力總算在此時開花結果了。

　　後來我喜上眉梢，拼命在論文中寫出我得到世界第一稱號的經過。雖然當時我仍然必須遵守日亞化學的禁令，不過我高興到管不了太多，心想他們想炒我魷魚就儘管炒吧。

　　在這期間，我距離完成藍色發光二極體已經只差最後一步了。雖然後來又經過了一些事情，但我在一九九三年時，總算製出連我自己都覺得完美的藍色發光二極體。我的藍色發光二極體比以往市面上的相同商品有更強一百倍的亮度，我也確定足以和紅色發光二極體的亮度分庭抗禮。接著在一九九五年，我也成功研發出藍光雷射。後來我陸續推出綠色、白色發光二極體的正式商品。到了一九九九年時，我也為紫光雷射的應用化貢獻了一份心力。

　　就這樣，日亞化學在日本的發光二極體市場上長時間獨領風騷。這期間所取得的相關專利有一百二十八件，申請中的專利則有五百件以上。

　　就在我接二連三獲得如此大的成就後，全世界都對我的研究感到十分驚嘆。我的研究反其道而行，不用世上所有知名企業、研究所都在用的硒化鋅，反而選了成功希望不大的氮化鎵。在我看到全世界被我的研究成果嚇傻後，我不禁打從心底感到一陣痛快。

　　不過，我還是覺得能引出如此成就的是那一句「推至上方」吧？如果當初我沒有聽到那一句話，也許完美的藍色發光二極體必須延遲好幾年才有辦法問世，甚至根本不會在二十世紀誕生。而且主要的發明者很有可能不是我，而是知名企業旗下的某個研究員。當我這麼一想，不禁覺得自己湊巧抓住了千載難逢的好機會。

　　而能讓我看出這一瞬間的機會，也多虧了當時我正好情緒低落，所以才能敏感地察覺出對研究非常有利的資訊。雖然和他人對情緒低落的觀感不同，不過我反而覺得情緒低落有助於我個人接受外來的資訊。

　　如果要說清楚我的感想，那就是我在情緒低落時，會感到自己遊蕩在空間之內，並且產生出一股漂浮感。此時，我甚至還會覺得整個身體能自由地感受所有事物。身體浮在空間中如入無人之境，不論是四肢還是五官的運作，全都變得自由自在。所以，我才可以藉由這樣的感受從話語中洞悉到細微的資訊。

　　然後才會在偶然的情形下，湊巧對坪內先生的話做出反應。有時我的皮膚和視覺會有特殊的感受。我認為讓自己的身體感覺進入自由境地，對於創造研發的工作相當有幫助。

一 保持自身的活力

創意最需要的不是知識和學歷，因爲知識和學歷不過就是常識下的產物，如果你需要這兩樣的話，只要到圖書館看書就夠了。再不然，你也可以直接查電腦引用資料。但即使你能熟練這些動作，還是不能保證能從事創作。

想從事重視創意和創新的工作，必須要有打垮整個常識的活力。雖然這麼做會讓周遭的人覺得你太任性或太愛找碴，又或者會像我一樣，被大家認爲只會做一些魯莽的事來找自己的麻煩。

但是，有些世界級的工作，就要有敢賭上僅百分之一勝率的氣概。尤其是研發相關的行業，這種態度才能成爲工作上的主力。所以重視創造的職業相當重視勇於面對失敗，即使只有百分之一的勝機也要有貫徹到底的堅韌精神。唯有超越常識，才可以將千載難逢的大好機會銘刻在內心之中，並且用沒有常識的方法實踐理想中的成就。如此一來，絕對可以從中發現到讓自己邁向成功的絕佳良機。然後，一旦你牢牢掌握住這個機會後，成功自然唾手可得。

其實，我有六項主張可以幫助自己打破世間的常識。將這六項牢記在腦中，當你遇到失敗或困難時，只要不斷記起

這六項主張就能加以克服。

第一項主張是「所有目標都要由自己來親自執行」，雖然這個觀念一直在本書中提起，不過我就是靠這項主張讓自己有能力親手改造實驗裝置，並且成功製出每個人都想完成的藍色發光二極體商品。所有基本的事物，都要有「親自執行」的觀念。

或許有人會認為「親自執行」自己的工作是很理所當然的事，但事實上，現實生活裡並不是每個人都可以做到這種地步。尤其最近的工作有細分化和多樣化的趨勢，為了完成一個工作還必須加上許多人手才能進行。甚至沒有發給外包公司，整個工作就無法進行。

在多樣化以及繁忙化的現代社會裡，這也許是在所難免的趨勢。但是，這種趨勢無助於重視創造性的工作。不管是古代還是現代，「創造」這種行為不能完全委於集團的意識之下，唯有靠個人的想像力才會有充分的發揮空間。所以，我才會堅持自己的個性，以事必躬親的態度進行我的研發工作。「所有目標都要由自己來親自執行」，這種觀念才是創造性工作的原點。

─「憑感覺行事」也很重要

第二項主張就是相信自己的「直覺」。當你確實執行第一項的「親自執行」時，就能逐漸培養出「直覺」。簡單地說，我認為「直覺」可以成為工作上的助力。

當然，這裡說的「直覺」不是那種用於賭馬、賭船的瞎猜胡謅。而是對工作的業務已經十分精通後，就會產生出老手般的「直覺」。

可惜的是，在日本工作或從事研究的人，大多都是討厭依賴直覺和主觀看法的人。我想這很可能是因為，日本人是個喜愛講道理的民族。雖然我不知道現在年輕人是否有相同的喜好，不過日本人真的很喜歡圍棋、將棋等需要運用腦力的遊戲。正因為愛動腦講道理，所以看運動比賽時也常常會互相爭論。也許對日本人來說，不靠講道理的方式評論運動，就會感受不到其中的有趣之處吧？所以日本人才會無法理解美國大聯盟那種大棒一揮來個全壘打，或是振臂猛揮馬上出現三振的簡中滋味。日本人這個民族不管自己在和誰爭論，都喜歡引經據典來和對方辯駁。所以日本人由「直覺」所表達出的看法，往往會讓傾聽者感到是外行人正在班門弄斧。

　　不過，日本人也不盡然全是如此。畢竟外行人、賭馬的直覺，和專家的直覺相差甚遠。例如職棒裡的各種明星球員，他們都會有自己擅長的領域，所以才能在球場上以敏銳的直覺各司其職。

　　而我在研發工作上也會產生相同的直覺。只要我對自己的工作越瞭解，我的直覺也會越來越精確。一旦我們能熟悉自己的工作，就能看出新進人員無法發現的竅門。

　　直覺不是用嘴巴說說就可以培養，必須靠經驗和成就不斷累積疊加，才會有精確洞悉業務的能力。

　　對我來說，「直覺」是我進行實驗時絕對必要的能力。也許你可能會覺得我這種觀念很怪，但是我過去十年以來，都是靠著焊接師父般的技術進行裝置的改造工作，而其中培養出來的「直覺」，不是未出師的人可以輕易習得的。

　　這種出師才會感受到的直覺難以言喻，光靠講道理是無法說分明的。例如調整溫度時微妙的接觸，或汽化材料的流向，這些不是一般人能輕易察覺到的變化。即使得出的數據相同，我也可以靠研究者的「直覺」發現其中的不同。所以我十分信任自己身為「專家的直覺」，也非常相信自己的實力。而這一切正是透過日積月累的經驗，所構築起來的成果。

　　此外，我不模仿他人，看待任何業務都想用自己的方式執行，就是我基於專家的直覺所下的判斷。而我也靠著這份「直覺」，在工作上說服自己「這麼做是沒問題的」。所以不管決定上會有多少分歧，我都會順從自己的直覺，用毅然的態度選擇自認絕對沒有問題的決定。雖然我這是以個人的好惡下決定，不過我認為面對抉擇時，不該用戒慎恐懼的心態慢慢下決定。

　　因為，光是花時間講道理也無助於你獲得工作上的成就。面對抉擇時，最重要的是能進行精準判斷的「直覺」。當你可以相信自己的「直覺」後，你就能靠著「直覺」生存，而越是能在工作中賭上自己的人生，就越能接近「專家」的境界。

　　不論是什麼樣的職業，都會有所謂的「專家」。而出師後成為專家，正是讓自己邁向成功之道的第一步。

― 單純即是基礎

　　第三項主張是「隨時將單純的事物看在眼裡」。不只是發明和發現需要有觀察單純事物的能力，研發新產品的基礎

也是建立於理解單純的事物上。即使你有艱深的論文或資料可供參考，但那未必能讓成功的種子萌芽。而且隨著常識照本宣科，充其量就只是在遵守古怪的教義而已。

然而，很多人卻在重視創造的工作中，將這種觀念視爲圭臬，反而讓自己陷入作繭自縛的狀況。

我認爲遵守由他人立下的定律或規則，只是讓自己甘於遵守死板的教義而已。因爲當我們總是用教義來約束自己時，就會讓自己乖乖接受他人的定律和規則，不但只會依樣畫葫蘆，而且還會失去自行創造新事物的初衷。

可惜的是在研發科技的領域中，許多人卻習慣將既有的定律視爲必須恪遵的常識，而且還常常逼得自己進退不得。例如日本的企業，乍看之下也許你會覺得每個企業處於自由競爭的舞台上，由於大家的觀念相通，彼此之間可以和樂融融地切磋求進步，進而創造出繁榮的企業生態。但我倒認爲這一切只是假象而已。事實上，日本社會不鼓勵單一企業能一枝獨秀，每個企業之間都希望彼此能保持齊平式的經營。所以在不知不覺間，養成避免個人或單一企業比任何對手還要優秀的規則。

由於每個企業都意識到這種潛規則，所以經常會透過會議先確認其他企業的動態。在會議中看到其他企業的經營

模式後，才意識到自己必須靠模仿來跟上其他企業的腳步。
我以前也是被這樣的經營思維玩弄於鼓掌之間，因此我才會
照著命令研發產品。雖然我研發出三項商品，但由於本質上
和其他公司的商品無異，所以在拼不過知名企業的情況下，
我研發出的產品全都變成銷路不好的商品。

　　事實上，齊平式的經營理念是爲了確保知名企業能永續
經營。只要大家都拿相同等級的商品出來賣，消費者就會長
期購買知名企業的商品。而在這種觀念的肆虐下，有志創業
的人們當然也就不敢發聲，只好讓自己的才能就此埋沒。

　　由於我知道齊平式主義造成如此現實的環境，所以才會
想要自行研發藍色發光二極體。如果我按照每個企業既有的
常識，只會以硒化鋅作爲研發材料，那麼我肯定也會和所有
的大廠研究員一樣，持續在死胡同裡繞圈圈。而我所選擇氮
化鎵雖然成功機率不高，但是卻能讓我跳脫出齊平式主義的
惡性循環。不過，我也承認這麼做會讓我更加辛勞，因爲氮
化鎵沒有任何成功的紀錄。所以我只能從一到十慢慢探索，
透過累積自己求得的數據才能找到成功的出路。

　　而最重要的就是在從一到十的過程中，我反思「如何
才能看到最自然的成果」。我當時認爲自己靠著運作雙手、
雙眼、雙耳、身體，以及用頭腦思考，絕對能發現自己想求

得的結果，完全不需要透過艱深的理論和定律來完成研發工作。當然，我的意思不是說不需要研讀他人的理論，而是在研發上不該將他人的理論視爲自己所有想法的起點。所以，我將工作視爲單純的事物，並且從中找出隱藏其間的提示，而不是乖乖地被定律和常識禁錮。

在經過考量後，我選擇用最單純的想法開發出雙流向裝置。這個裝置不過只是將實驗環境中的氣流，持續性地往上方推動而已。而且我只是稍微更改既有的定律，將原本只有一個流動方向，改爲以兩個流動方向讓氣體在固定位置持續循環。這種極其單純的思維，反而讓我在發光二極體的領域上奪得先機。

許多人在工作上遇到瓶頸時，習慣參考前人或是權威的意見，然而這種作法只會讓自己的思維變得更加混亂。尤其是重視創造的工作，更是常出現這種狀況，這是因爲自己手上正在進行的工作，通常會跟前人的經歷不同。所以越是將前人的方法導入自己的工作中，就越會讓自己毫無頭緒。

所以當你想要參考前人的經驗時，千萬不要眞的照單全收。而是要時時警惕自己，不論是多有名的世界級權威，通常都只有七到八成的意見是正確的，剩下的二到三成非常有可能都是錯誤的意見。只要你能做到這一點，就能盡量避免

被不正確的常識誤導。如此一來，你就不再因爲奇怪的觀念而失敗連連，甚至也會開始瞭解失敗的源頭，不過只是一些單純的原因使然。

一 讓自己處於深入思考的境地

我的第四項主張是「讓自己潛入深沉的思考當中」。

在我展開藍色發光二極體的研發工作後，雖然在研發上不斷失敗，但我也變得更常讓自己進入深沉思考中。結果我不但不理會公司裡的電話，也拒絕參加會議，完全讓自己成爲和公司唱反調的叛逆傢伙。但對我來說，我需要的就是讓自己陷入低潮，甚至還能被大家孤立。如果我沒有徹底排除外界的干擾，我就無法進入深沉的思考當中。直到我被逼入絕境後，就能順利尋得止跌回升的好主意。

仔細想來，我在德島大學時學到的兩種武器。其中一種武器就是多田教授傳授給我的「重視實驗的精神」。另一種就是我與生俱來的思考習慣。

雖然重視實驗結果的精神在前文中已經提過好幾次，不過在此我還是要強調，這個觀念是我最在乎的主張。這種觀

念教我要在實驗中仔細觀察結果，不挾帶偏見和先入為主的看法，最後再用誠實的心態看待實驗數據。我認為所有以發明、發現新事物為志願的人都要有這個重要觀念。尤其是研發產品，光靠研究室中的理論是無法讓產品賣出去的。在研發時若沒有秉持如此觀念，那麼不管是什麼商品都會變得沒有意義。不被私情影響，以公正的態度接受實驗數據、結果才是研發工作需要有的心態。如果挾帶了偏見和先入為主的看法，只會害自己無法率直地進行判斷。一旦我們用謊言蒙蔽事實，就不可能讓研發進度持續向前。所以對於物理學專家和技術人員來說，最重要的就是在面對實驗所產生的現象時，能夠用誠實以對的心態去看待。

幸好多田教授重視實驗的觀念讓我有所啓發，否則我一直都會是重視理論的大學生。

我在高中時期由於非常想要研讀物理學，因此很喜歡思考物理學方面的理論。到了大學，這種習慣依然沒有改變。

後來在找工作時，松下電器公司的面試官告訴我被淘汰的原因就是：「你的表現太重視理論」，我才意識到自己很愛思考事物當中的理論性。

我很喜歡研究理論，不只是遇到任何事情都會再三思考，同時我也認為思考事物的道理，就是自己的強項之一。

面對一個自己感興趣的理論，我甚至可以隨時隨地不斷反覆
思考，並且樂在其中。我常常會針對一個理論，日復一日地
持續思考。例如，某些數學上的難題，需要花上數個月甚至
一年的時間解開，而我通常都會很有信心，認為自己肯花時
間慢慢想，絕對可以解開題目。

　　如果有必須花時間來解決難題的考試，我想我一定可以
拿到最高分吧？可惜的是，我在學校裡的成績並不是很理
想。因為考試的題目通常需要在短時間內寫出答案，這反而
成了我最不擅長的事。所以在高中進行數學測驗時，我常常
會花太多時間證明公式，反而沒時間解出其他的題目。

　　我承認這主要是因為我的資質不夠好。但是只要多給我
一些時間，我有信心解決所有的題目。我的個性就是一遇到
會讓自己在意的問題，就會禁不住想要理解透徹。普通人可
以在一到兩個小時內解決的問題，我卻會花上整整一天的時
間，甚至到隔日還在思考其中的解決之道。所以當我遇到解
不開的難題，或是某些事物的癥結時，就會不斷思考直到求
得答案為止。而這種思考上的習慣，也成了我的研究風格。

　　所以我能成功研發藍色發光二極體，就是因為我一方面
重視實驗，另一方面又習慣長時間思考。我也瞭解到，自己
很擅長讓後天學到的觀念，和先天擁有的習慣互相配合。

　　但是，日本社會在很多場合下常常會無視於個人的個性，反而強迫員工接受組織內的意識。許多日本企業認為，讓員工依照自己的個性工作是一種荒謬的觀念。唯有隨著組織的意識展開工作，才是員工在企業中生存的不二法門。如果每個員工都能照著自己的意思工作，就難以讓員工為了企業往同一種方向努力。所以許多人一出社會，就會被企業否定個人的價值。結果現在日本的上班族們只重視西裝筆挺、正襟危坐的外表，但骨子裡卻失去了屬於自己的個性，而工作的目標都只是為了讓公司賺更多的錢。

　　我認為個性這種東西要有發揮的餘地，才能凸顯其中的價值。不管個性是好還是壞，對當事者來說，都是值得充分發揮的美好之物。當上班族不能發揮自己的個性，當然就會變得麻木不仁，任何事情都會覺得沒有任何意義。其實，大家都知道讓自己充分發揮個性，以自己最擅長的方式工作才是通往成功的捷徑。而我本身也是認同這種道理，所以才不想勉強自己接受所謂的社會常識。

　　「以自己最擅長的方式工作，並且確立屬於個人的工作風格」。這就是我的第五項主張。

　　由於我能在工作中時時留意這五項主張，所以我才能研發出藍色發光二極體。而隨著研發的成功，我也獲得強大

的自信心，甚至能和惡質企業互相對抗。此外，我也讓屬於自身的人性得到平復。不管是什麼事，只要我能順利達成目標，我就能藉此提升自我的高度。在這樣的成長之下，我也終於發現提升自己的最佳武器，就是「充分發揮出自身的個性」。**注**而前五項主張不只是我自身的個性，同時也是讓我發揮個性的手段。

只要你能在工作上發揮自己的個性，絕對有辦法求得創意上的突破。這是因為你我都是屬於自己的主人，所以每個人都會有屬於自己的思維。即使在同一間公司的同一個部門進行相同的工作，人與人之間都會有明顯的差異。當你能尊重彼此的性格不同、喜好不同，並且專注於自身的個性，那就一定可以讓自己產生不同於他人的光輝。這個光輝就代表著你讓自己的創意發光發熱。

當然，屬於我自己的光就是由藍色發光二極體所散發出的藍光，而我由衷希望，你也能透過發揮個性來散發出屬於自己的光輝。

Note

譯注：雖然作者沒有明講，但「充分發揮個性」就是作者的第六項主張。

打開通往成功的大門

為了保障孩子們的自由發展，
我們必須讓孩子取回自身的個性，
而不是訓練他們成為整個社會下的奴僕。

一 在創意上要變得更講究

在這裡我要講一個故事。我在研發藍色發光二極體時，公司替我增派了另一位助手。其實我認為原本的那位助手可以幫上很多忙，不需要再額外多一個助理。然而這是公司下達的人事命令，所以我也只能乖乖接受。那麼，增派的這一位助理又是什麼樣的人呢？那位助理是東京某間知名大學畢業的高材生，而且曾在知名大廠負責研究半導體，是一個對自己頗為自負的專家。

而原本那位助手則和我一樣，在鄉下的某間大學畢業，學業成績也不算特別出眾，因為必須靠工作養活自己，所以才到日亞化學上班。公司大概認為光憑兩個鄉下大學畢業的庸才難以完成工作，所以以為多請一個高材生就能搞定一切了。雖然我起初就反對這項人事命令，不過我的意見依然不被重視。因為這種命令絕對凌駕於員工意見的狀況，對公司來說早就是家常便飯了。

我當時展開的是氮化鎵的研究，所以我拜託那位新來的助理以氮化鎵製作出 P 型半導體。由於曾經有人用氮化鎵製出半導體，並將其中的過程寫成論文，因此這位高材生很認真地研讀那份論文，想照著論文中的模式製作出 P 型半

導體。可惜的是，他一直沒有成功製作出 P 型半導體。

　　他過來跟我報告研發結果時，對著我說：「中村先生，很遺憾結果正如論文記載，P型半導體無法以氮化鎵製出」。當時他用如此斬釘截鐵的態度說出那句話，就像在說，錯不在自己，而是在論文上。後來，我改良完 MOCVD 裝置後，本來想要把後續的步驟交給他處理，但他卻用蠻不在乎的態度對我說：「別把不知道能不能成功的東西推給我做好嗎？」。

　　當時我對他的態度感到很錯愕。原來知名大學、企業出身的人，其本質就是如此。對他而言，所有的工作就像是寫考卷一樣。只要做得出成果的就打勾，做不出來的就劃叉，不需要再多費心力考量對錯。我所看見的這個人，完全沒有在創意上下工夫。我那時真的被眼前所見的高材生作風嚇到了。更重要的是，有這種性格的人們卻正在掌握日本的政治、經濟。我認為他們這種作風，只會把日本推向更危險的狀態。當我看到他的表現時，不由得一邊冒冷汗一邊這麼想。

─ 保持飢渴的求知欲、使命

我一直都在說，日本的政治和經濟已經陷入僵化。雖然我知道自己不是什麼有常識的人，不太瞭解國家的政經發展，但就我所處的製造業中，我開始發現日本處於退步的狀態。日本雖然在製造業堪稱世界第一，但現在卻沒有任何重大的進展。我認為日本將來不只會輸給中國和韓國，甚至就連台灣也會迎頭趕上。再這樣下去，日本在亞洲很有可能會淪為落後國家。那麼，為何日本會陷入這種窘境呢？原因就在於日本雖然是技術大國，但在研發科技方面卻不夠認真。

高科技產業中，最典型的問題就是手機的研發技術。這項技術往往都是由歐美國家引領世界潮流，而日本卻只能在顏色上做出變化，再不然就是加進一些可有可無的小功能。當然日本在細微的改良上也算是一種技術，這同時也是日本長久以來的強項。

但是，我認為日本目前最需要的，還是自行研發新技術、全新產品的能力。研發本身不只是製作物品的行為，同時也是所有國家必須重視的立國之本。

而研發最需要的就是能發揮創意的能力。然而曾在我身邊工作的那位高材生，他那種不想在創意上下工夫的態度，

除了讓我感到錯愕之外，也讓我感慨日本的體制竟然容許空有高學歷的人掌握我國的政經命脈。

研發工作除了需要創造力之外，也必須要有其他能力相輔。就我個人的經驗來看，還要有任何困難都肯咬牙撐過的態度，以及飢渴的創新欲望。雖然我點出的要素只有區區幾項，但我很肯定，即使是知名大學畢業的高材生，也未必會有這些精神。因為他們沒有任何創造力，充其量只是記性比一般人還要好一些。他們從小到大所受的教育，就只是為了訓練他們考上第一志願而已。

而這些高材生一旦從事研發工作後，就會像我遇到的那位助手一樣，只會用二分法判斷研發工作的可行性。

他們最擅長的就只有模仿課本內容考取高分，所以當然會把照本宣科視為工作重點。

我還曾經聽過一個趣事。我在唸書時，把社會、英語等科目稱為死背科目，因為只要背的越多，分數也就越高。至於和死背科目完全相反的就是數學。雖然數學這門科目有公式需要靠死背來記憶，但卻不能因此保證得高分。而我的特色就是寫一項題目會花上很多時間，所以就連數學也很難考出好成績。因此，數學一直都不是靠死背硬記就能駕輕就熟的科目。但我聽說最近的補習班卻常常教學生死背數學的訣

窮。他們會告訴學生如何記住題目的固定模式，即使數據和題目的表現不同，只要能套用正確的模式，就能順利解出答案。簡單地說，只要學生透過背題目的訓練，就能輕易考到好成績。

這樣確實能培養出記憶力好而且成績高的學生。讓他們面對問題時有辦法馬上說：「喔，原來就是那個資料」或是「這是那本書有寫的東西」。而且當他們把課本上的正確答案說出來後，還會被大家稱讚為萬事通。

但這種行事風格就只是拾人牙慧。透過模仿他人，讓自己接近正牌的行為，不過只是在將自己打造成仿冒品。雖然他們會以為越接近正牌，就越覺得自己擁有正確的知識。但我反而認為他們這樣，只是透過模仿來證明自己很沒用罷了。

那些高材生雖然自認是引領日本成為技術大國的精英，但他們卻不會研發製造，因為他們就只有模仿的技術可堪稱為看家本領。若要他們在研發上多加點創意，你頂多只會看到他們把東西變得小一點，又或者換顏色再當成新商品拿出來賣。確實，我們的國家也把這類方法當成是了不起的珍貴技術，而且也透過這類技術來支撐我國的經濟。

但這類技術並不只有日本才會，事實上亞洲其他國家也

能靠相同的方法賺錢。再說亞洲各國為了追上日本，也開始試著學習更高深的科技。總有一天，每個國家會漸漸發現日本根本沒有什麼了不起，甚至還會發現超越日本只是個很簡單的目標。

雖然日本見到自己被其他國家趕上後，也開始焦急了起來，但卻依然只會死命模仿其他科技，一點也不想試著自行研發。結果我們還是陷入惡性循環，繼續培養出一堆擅長模仿卻沒半點用處的高材生。

直到日本回過神後，才會發現歐美企業、研究者早就搶得各方面科技的專利權。例如電子、醫療、資訊、生化科技等各項重要技術，早已成為歐美國家的專業科技。而現今的日本企業除了靠衍生出來的應用科技取得專利權之外，絲毫沒有任何建樹。

如果說這不是國家的危機，那什麼才算是危機呢？

一 從根本改變教育體制

一旦日本成了落後國家，不是光靠後續的亡羊補牢就能解決所有問題。最根本的還是盡早改變目前的教育體制，才

能期許未來二十、三十年後的年輕人，能讓日本重新擠進先進國家之列。日本教育應當廢除只會模仿他人的精英路線，並且積極培養年輕人獨自研發科技的創造力。

因此，日本必須廢除目前的升學考試制度。尤其是大學聯考，更是該立即廢除的升學體制。大學聯考制度雖然能培育出眾多秀才，但卻無法培育出擁有獨創能力的天才。日本最需要的不是滿街會唸書的秀才，而是培育出至少一個有能力創作物品的天才。如果要說的更極端一點，那就是只要日本能發展出確實培養出天才的教育體制，那麼日本的未來就有救了。

但可惜的是，以東大、京大為代表的知名學府卻無力培育出真正的天才。雖然他們之中秀才輩出，但卻都不是富有創造力的青年。對我而言，真正的天才指的是擁有豐富創造力的人。所以我很希望哪怕只是百分之一也好，至少那些大學能多培養出接近愛因斯坦和達文西的年輕人。

想培養出創造力豐富的人才，首要之務就是盡快廢除大學聯考。雖然大家都知道教育改革要從小學到大學，進行許多必要的變更，但我認為如此拖沓的改革進程，不但無法讓效果立竿見影，甚至還有可能在過程中出現挖東牆補西牆的效應。就像是要學生坐上破舊的拼裝車一樣，只要有一點故

障就會開得歪七扭八、四處碰壁。既然所有的問題都是出在車子上，那為何不乾脆換輛新車給學生試坐看看呢？

所以，我要再次呼籲，盡快廢除大學聯考，並且使用新的方法培養具有創造力的人才。

人類的巔峰時期是在小學生到二十歲之間，然而日本卻要這個時期的年輕人，將所有體力和能力用於考試、唸書上。我認為這種培養人才的體制，就跟訓練專門上電視的猜謎遊戲王無異。雖然這樣的論點說起來是有點誇張，但這確實是日本教育體制的現況。而且全世界的先進國家中，就只有日本會用這種方式教育下一代。而且日本也透過這種教育體制，讓一群腦中充滿無聊知識的人類投入社會當中。企業看到這些人頂著大學學歷時，常常是二話不說立即僱用。一旦發現這些大學生什麼都不會後，還得額外花錢為他們進行勤前教育和新人研修課程。

反觀美國就不允許這樣的情形發生。美國企業絕不錄用無法成為即時戰力的新進員工。而且對美國企業而言，大學畢業生本來就是已經培養成材的專家，因此不會在錄用大學生後，還一邊支付薪水一邊幫他們上課。所以從美國的觀點來看，什麼都不會的日本大學生就像幼稚園兒童一樣，需要大家隨時在身邊照顧。

　　會讓日本培養出如此大學生，一切都該怪我們的教育體制只會訓練出猜謎高手。所以我們的學生只要透過背書就能考進明星中學，接著再加強背書的難度就能挑戰明星高中，最後再接受更高的難度就能前進知名大學。聽說甚至還有一些學校為了讓學生輕鬆學習，率先將理化、社會、國語、數學等課程通通設計成猜謎遊戲。對此，我感到相當地絕望。

　　由於小學到國中所教的大多是簡單的知識，學生只要稍微認真一點，就能立刻學好整個教學內容。所以，我認為沒必要強求學生必須精通所有課程，反而該盡量讓學生自由成長。

　　只是在這段期間，學校必須確實引導學生未來想從事的行業。

　　此時，可以將過去的發明家、藝術家作為榜樣，培養小學到二十歲階段中的學生們，讓他們能以創意和想法立身處世。在這段期間內，只要能為學生們舉出實際的例子，便能幫助他們培養創造力，進而達到潛移默化的效果。我們要拒絕使用過去的教育制度，以免培養出只會考試和猜題的青年。為了鼓勵他們以自由的思維尋找出自己的志願，我們必須協助他們努力實現夢想。

　　其實，很多小學生很喜歡科學，對這種填鴨教育也非常

感冒。正因如此，我們才更該拒絕目前的教育體制，避免學生在未來成為一事無成的猜謎高手。

一 培養自身的特性

幸好我從小就是一個沒常識的小孩，也多虧在拼命練排球中培養出不服輸的性格，因此我從來不覺得唸書考試的制度，可以為自己的將來產生良好的影響。所以就連升學時，我也只是聽從朋友、師長的意見才去努力唸書。在我的印象中，我的國中、高中歲月除了練球，大部分時間都是在學校裡發呆。

真要說起來，我從小就被身邊的人認為是一個只會發呆的小孩。例如和親朋好友合照時，就只有我不會將視線對準照相機。也許我當時正在想什麼事情吧？但也因此，我常被朋友以為老在發呆。

或許，這也是因為我的故鄉，很適合讓小孩度過無憂無慮的生活。我從小住到高中的愛媛縣大洲市，素有「伊予大洲」之稱，同時也是個大洲古城邊的悠閒老街。雖然觀光客將當地稱為小京都，但除了頗有歷史淵源的小鎮外，肱川周

邊就只有恬靜的日常景象。另外,由於大洲市仍保有明治初期的平房,因此 NHK 的連續劇《花羽》曾在大洲取景,直到現在當地還有所謂的「花羽大道」,我還記得那時受到廣大年輕女性觀眾的熱烈討論。此外,肱川也是三大鸕鷀捕魚地之一,當你看完鸕鷀捕魚秀後,還能順便前往松山的道後溫泉泡一下湯。

總而言之,我幼時能待在大洲的肱川旁一邊發呆、一邊望著青天白雲,眞是我今生最大的福氣。

要是我從小就將時間花在拼命用功唸書上,那麼我絕對會失去自己的個性。在沒有個性的前提下,前往都市只會用渾渾噩噩的態度過日子,而且也不會探討許多事情背後的問題。

某種程度上來說,大洲市給了我自由的生長環境,讓我能慢慢培養自己的個性和夢想。

我從沒被要求必須考取優秀的成績,高中時雖然最擅長物理,但總評滿分五分裡,我每次都是拿到四分。換言之,我從來就不是值得讓人一提的高材生。不過因爲我對自己所知的物理知識頗有信心,認爲只要能努力鑽研物理就能持續進步,所以夢想自己能成爲物理學家。

儘管到頭來我並沒有成爲物理學家,但打從孩提時期所

培養出的自信，卻成爲我出人頭地的關鍵。小時候發呆的習慣，可能就是讓我對「多思考」的個性感到有自信的原因。雖然每個人都有值得自負的專長，但我依舊認爲用考高分的態度工作，不會讓人產生自信心。因爲這只不過是在分數上玩數字遊戲而已，而且還會害怕他人的分數趕過自己，進而產生無謂的不安感。

我認爲教育最重要的就是，幫孩子找出屬於自己的自信源頭，並且視爲個人的特性加以培養。只要能幫助孩子發展自己的特性，即使無法成爲如同愛因斯坦般的天才，也能透過後天努力讓自己成爲愛迪生般的努力型科學家。

此外，還要培養孩子用自己的實力面對挑戰。當然，這不是鼓勵孩子直接進行大規模的發現、發明，而是要孩子親自處理小規模的事物，然後漸漸地從中獲取自信心。

因此，我認爲必須輔以正確的教育制度，才能順利引出孩子的特性。而且不論眼前的孩子擁有何種特性，只要能確實理解事物的本質，我們就該全力稱讚這一類的孩子。

還有不要求孩子必須在課堂上樣樣全能。不管是什麼科目，只要有一項特別擅長的項目，就要盡力培養。這麼一來，日本的小朋友也能在自信中再度成長茁壯。

每個人在孩提時都有自己的夢想，當然在漫長的人生

中，往往都會改變自己的夢想。像我最初就是夢想成爲御茶水博士般的科學家，然後又希望自己可以成爲物理學家。雖然這是因爲成長而不得不讓夢想變得更現實，但比起當個只會考試的猜謎高手，我認爲自己的案例會好上許多。總之，我個人還是覺得讓孩子在自由有活力的狀態下成長，才能幫孩子培養出自信心。

那麼，既然孩子有自己喜歡的目標，爲何家長和學校不協助孩子們實現自己的夢想呢？因爲他們害怕孩子們會失敗。他們害怕孩子無法順利持續自己的夢想，而且大人還必須成爲負責收拾殘局的一方。與其如此，不如要求所有的孩子專心背書猜題目會更省事。但大人這麼做反而是犧牲孩子們的權益，不但不顧孩子們的意願，同時也摧毀了他們的個性。而且還要逼他們將人生浪費在自己不想做的事情上。其實，孩子們眞正的想法就是認爲失敗了也無所謂，至少自己能打從心底做自己想做的事。而且實際上放手讓孩子們做想做的事，比逼迫他們做不想做的事還更不容易遭受失敗。所以，我相當不解學校和家長爲何會一直無法體認到這個事實。

一 日本必須廢除智育掛帥的教育觀

我的家庭中當然也有小孩，而且我從不讓自己的三個女兒上補習班。因為我覺得人生最美好的階段，不應該全浪費在考試上。不過，我這種觀念還是有一些困擾。那就是她們因為沒有去補習班，所以交不到新朋友。

但是當我探討這個缺點時也不由得感到，日本的教育體制讓孩子們擁有不快樂的童年。因為一旦不和大家做相同的事，就會被視為邊緣族群。但這種觀念在根本上是錯誤的。因為教育不是將孩子塑造成複製人的工具，唯有培養出不同性格的孩子，才能發揮孩子本身的個性。我認為這麼做才能讓每個人的人生變得更有目標，也更有意義。

當我舉家遷往美國後，我也發現自己對教育的看法和美國的教育政策不謀而合。同時我也切實感受到，美日之間存有完全相反的教育理念。

我最小的女兒轉到當地的高中時，也跟我說了一件有趣的事。當老師提出問題時，班上每個學生都會主動舉手回答。不過，其中大約只有一成的人能回答出正確的解答。即便如此，每個學生還是會踴躍發表自己的答案。當然，對他們的課程而言，可以回答出正確答案是最好的結果。但是，

美國的教育理念重視的是，讓學生主動提出自己對問題的看法。所以教室裡的每一位同學都願意主動舉手回答問題，同時也藉此表達出自己的個性。不過，這種教學方式在日本恐怕沒什麼人會在乎。

因為日本只重視知識的傳授，認為猜謎問答的形式能讓學生吸收知識，所以一切的教學重點都放在學生能不能知道正確答案。反觀美國，重點一直不在於學生是否知道答案。

尤其我在研發藍色發光二極體時，充分瞭解到日美之間的差異。當我正式展開研發工作時，我其實不知道我正在製作半導體產品。我甚至連正式名稱也不知道。後來到了一九九三年時，雖然我已經能製造出完美的藍色發光二極體商品，但卻幾乎沒人肯相信我有能力製作出來。然後又到了一九九四年時，我終於有機會公開發表自己的研發成果。

在研討會上，有許多國內知名的半導體研究者，他們在會中詢問我許多對於半導體的研究看法。只是，我對他們提出的問題完全不瞭解，因為我根本不知道他們口中的專有名詞代表什麼意思。而我也很認真地反問他們：「你說的這個詞是什麼樣的技術啊」。結果我這項舉動反而引來哄堂大笑。想必他們都以為我是在裝傻開玩笑吧？但尷尬的是，我真的不知道他們說的東西有何特別意義。之後，也有人接

著說：「你可眞厲害啊。明明不知道這個詞，居然還能研究出這麼棒的成果。」後來經過我的調查才知道，那些詞確實只有專業書籍才能看到。但我還是因爲不知道那些專有名詞的意思，而在現場稍微緊張了起來。說不定當時有人看到我聽不懂那些詞時，還暗地裡嘲笑我吧？由於我是用獨創的手法進行研發工作，因此打從一開始就沒有參考任何資料，自然對半導體的各種專有名詞不甚瞭解。

但美國人在研討會的反應和日本完全不同。美國人不怎麼在乎我有什麼半導體專業知識，他們只想知道「Nakamura」這個人到底研究出什麼成果。那些美國教授只將我的研發成果看在眼裡，不會笑我爲何不懂那些專有名詞。研討會中要是有任何不清楚的事情，也會馬上向我提問。由此可見，他們不將重點放在我到底能展現出多少淵博的知識。

— 培養出擁有眞才實學的個性

那麼，爲何美國孩子能在不確定正確答案的情況下積極發言呢？我想大概是因爲這些孩子擁有自認是世界第一的

自信吧？就算不知道答案，也相信自己有辦法回答任何問題。他們當然不只有回答問題的自信，甚至連打籃球、騎自行車、玩滑板都會當成值得向大家炫耀的專長。因此平時都會很有自信地舉手表現自己。

如果美國孩子在日本用這種態度回答問題，老師一定會當場否定錯誤答案。因為日本教育只有非對即錯的觀念。但一般來說，問題的答案不見得只有一個，有時還會有只有自己才知道的答案。因為美國人知道千篇一律的答案不一定是正確的，所以美國人願意給小孩能暢所欲言的教育環境，讓他們的自信可以自由成長。我觀察美國人在爭論事情時，常常會發現到這點。雖然他們多少會弄錯問題的重點，但從發言當中還是能感受到他們的自信。由此可見，美國人很重視發揮個人的個性。

其實稍微思考一下這麼做的意義後，自然也會覺得美國人的觀點很正確。因為畢竟沒有個性就等於沒有個人的主體性。如果一個人習慣認同他人的意見，卻又不會表達自己的意見，那麼這個人將來真的會有能力表達出完善的主張嗎？美國為了讓每個人的特性獲得伸張，才會打造出認同自己也認同他人的社會。因此，美國小孩才可以從中漸漸培養出實力和自信。

　　這一點，日本和美國完全相反。在日本社會裡，只要個人發揮出自己的個性，就會被大家當成異端、亂源。比起個性，日本這個大和社會最重視的就是「和」。所以我們每個人從小都會被大人教育成「說往右就要往右，說往左就要往左」。以千篇一律的齊平式教育，告訴小孩只有一個絕對正確的解答。一旦發現團體中有小孩的表現太過突出，並且讓眾人齊平的和善社會遭到破壞，大人就會徹底矯正小孩的表現。目前的日本教育喜歡要求小孩壓抑自己的個性，而且認為每個人都從事相同行為，才能創造出美好又正確的社會。也因如此，日本才會無法培育出擁有強烈獨創性的事物。

一 拒絕齊平式的教育

　　日本教育就像在為孩子洗腦一樣。不准孩子擁有強烈個性，同時也扼殺了擁有創造力的人才。

　　雖然我也覺得，製造業啟用大量能力持平的員工是不錯的想法，因為要是讓像我一樣的不良員工進駐企業，也是有可能讓整間公司的工作停擺。日本社會大概也是害怕這樣的情形發生，所以刻意培育出大批能力相同的上班族。靠著洗

腦教育，讓所有人甘願一生都當個上班族。

　　但是，現在的世界和以前已經大不相同了。尤其我們的製造業逐漸被其他國家追上，要是我們繼續用洗腦的方式教育下一代，只會讓我們的孩子變成跟不上世界潮流的落後大人。如果我們不盡快拋棄這種無能的教育體制，日本就只會漸漸成爲落後國家。

　　其實四、五十年前的美國也使用過類似的教育體制。但美國最偉大的地方就是會放眼全世界，並且正視國家體制有僵化的問題。一旦發現問題就會盡快破除陋習，並且從中得到立竿見影的成效。我認爲日本眞該學習美國這種作風。至於讓日本教育如此麻木的元兇就是大學聯考。日本學校爲了升學，只靠偏差值就能將學生分出好壞階級，進而作爲考大學的標準。所以我希望日本盡快發起教育改革，並且即刻廢除這種奇怪的升學亂象。

　　雖然我主張的意見在日本看起來像是邪端異說，但其實許多見識過國外社會的日本人都跟我一樣有相同的想法。例如江崎玲於奈先生，他曾在二、三十年前提出類似的意見。如果當時大家願意把江崎先生的主張聽進去，或許現在日本就不會有如此慘況。可惜的是，目前的日本仍然不肯破除惡習，還繼續將沒有個性的青年投入社會當中。

　　另外，我曾有過一段和江崎先生的回憶：由於我將所有的注意力集中在研發的工作上，因此沒有發現到周遭的變遷，就連學界的動向也不是很清楚。我個人也覺得與其將心力放在身邊的事情上，不如專心做好手邊的工作。所以在研討會等各種國際會議上，我整個人都是處於漫不經心的狀態。有人曾邀請我一同研發藍色發光二極體，雖然我也覺得該計畫很有意思，但我還是推辭了這個機會。

　　一九九六年時我也因為這種心態，推掉柏林國際半導體物理大會的致詞邀約。奇怪的是，我還是接二連三收到活動邀請。我朋友聽到我這個狀況時，卻對我說：「『你是笨蛋嗎，參加這些會議致詞可以讓你的名聲水漲船高，因為那都是諾貝爾物理學獎得主才會收到的邀請』。他還跟我說：『趁現在時間還來得及，你應該趕快答應人家的邀請』」。

　　後來我在這個國際會議中上台演講時，江崎先生正是會議上的司儀。而且江崎先生當時介紹我時還說：「這位是在鄉下小公司憑一己之力認真研究，並且獲得世界級成果的科學家」。他用如此評語介紹我，真的是讓我喜不自勝。

　　話說回來，像江崎先生如此有成就的諾貝爾獎得主，也一直憂心日本的教育體制會拖垮整個社會的進步。而且他所擔心的亂象，果然也在近年來一一浮現。

一 廢除大學聯考

　　日本的教育早已長期陷入僵化，我認為如果不廢除大學聯考，就無法破除現今的教育體制。否則不但難以訂立出專門培育個人特性的教育體制，而且光靠小規模的改革還是無法遏止升學亂象。若是沒有將以東大、京大為首的大學階級觀念徹底破除，教育改革也無法正式展開。

　　如果現在就把大學聯考的制度廢除，那麼以知名大學醫學院為志願的學生們，大概就會拼命擠進大學校園內搶位置旁聽吧？雖然這種作法很粗糙，不過我認為這樣的發展也許不壞。因為一旦唸醫學院的學生數以萬計，那麼大家就會發覺教室不夠用，而學生們為了在教室中搶到位置旁聽，也會在前一個晚上去排隊。而沒有幹勁這麼做的學生也會被自然淘汰。不讓大批的學生直接受到競爭上刺激，就無法讓他們重新取回作學問的熱情。

　　雖說這種方法太過極端，但真正的改革就該像這樣，在一開始就手忙腳亂。我認為這麼做能促進更多學生前往醫學院、法學院讀書，而且絕對可以達到自然淘汰的功用。這麼一來，有決心唸書的人就能如期畢業，而沒有決心的人就會因為自知無法畢業而自動退出。

按照供需平衡的概念來看，以醫學院和法學院為志願的學生會開始減少，醫生、律師滿街跑的情形不但不會形成，青年們也會開始尋找自己真正想做的事情，並且認真選擇合意的科系。

當然，我並不是要創建一個不用考試就能隨便進大學，然後隨便畢業的教育體制。我的想法是提高大學畢業考的門檻，以此取代原本的大學聯考。雖然我的方法會讓入學者激增，但四年後不符合畢業考門檻的學生也變得非常少。如此一來，日本大學就能像美國一樣，可以確保擁有真材實學的大學生投入社會工作。而不是像國中升高中那樣，只要書唸一唸、考試考一考就能出來找工作。我認為大學既然是立於所有學歷的頂點，那就更該用嚴格的方式鍛鍊學生的專業能力。

如果學生後悔選錯志願，那我的方法就是允許學生直接換大學就讀。由於入學考的門檻變低，所以也方便學生轉換跑道。雖然你可能認為這麼做是在鼓勵學生半途而廢，但其實美國有將近半數的學生在發現所讀非願時，會直接退學到其他的科系重頭來過。雖然我想出來的教育體制會嚴格篩選就讀中的大學生，但同時也鼓勵學生找出最適合自己的科系。

既然大學的轉學門檻變低，那麼不適合繼續就讀的學生，在心態上也較能接受自己應當放棄原本的科系。這種方法對學生和大學而言可謂是一石二鳥。

還有，教授最好能以美式制度管理。讓學生評價教授在課堂上的表現，隨著評價好壞來增減教授的薪水。如此一來，教授才肯多花心思教學，以認真的態度對待學生。

總之，我認為不該讓日本的大學持續地悠哉下去，而該讓學生和教授感受到適當的緊張感。還有，大學必須用嚴格的標準磨練學生，讓學生能立即投入社會工作，成為每個企業的即戰力。只要可以讓這個體制持續走下去，相信這批學生當中一定會出現改變日本未來的掌舵手。

─ 前往美國後的深切感受①

我到美國生活後，開始產生一種深切的感受。那就是日本其實算是共產主義國家。日本就像是誤解民主的真諦一般，只會在口頭上奉行民主主義。但卻要求學校的每位同學穿相同的服裝，用相同的思維接受相同程度的教育。等到學生出社會後，還會讓每個人都拿相同的薪水。雖然日本這種

現象對懶得工作的人來說是天堂，但對想認眞工作的人來說，卻是相當糟糕的國家。所以我才會覺得日本就跟共產國家沒兩樣。

在這個社會裡，如果一個人在工作上表現出隨心所欲或有話直說的態度，得到的結果通常只有被炒魷魚的份。因此每個人出社會後都會奉行沉默是金的道理，絕口不提心中眞正的意見。像日本這種沒有言論自由的國家，到底憑什麼敢自稱爲民主國家呢？

每間公司放眼望去，盡是一群過於順從、沒有個性的員工。雖然他們表面上被稱爲「從業人員」，但實際上扮演的角色不過就是唯唯諾諾的人型機器。光是每個人都接受相同的收入和待遇，就能證明他們都是一群機器人。

至於美國，則是將員工視爲有主體性的個人。他們認爲每個人都有屬於自己的價值，所以收入和待遇都該因人而異。只要你有實力就能領取相應的收入，反之公司當然也會酌減你的薪水。正因爲美國社會有這種觀念，所以他們才可以不斷培育出有實力的人才。而且美國青年也能因爲成熟的獨創性思維，勇於進行研究和自行創業。

日本那種充滿共產主義觀念的社會體制，只會將青年的個人能力摧毀殆盡，未來甚至還會像蘇聯瓦解一樣，整個國

家陷入分崩離析的狀況。因此，我才會大聲疾呼日本應當重建教育體制，培養青年可以將自身的實力發揮到極限。

一 前往美國後的深切感受②

雖然許多有識之士也認為，日本的教育體制應該進行改革，但為何日本卻依舊無法雷厲風行呢？其中的原因當然就是日本的官僚體系太過猖獗。日本官員只想靠爭權奪利來鞏固自己的地位，而且他們長期霸占社會資源還從中獲利，所以當然就無心改革。

既然日本官員無心改革，那麼優秀人才自然也不想繼續待在日本，情願到美國一展長才。就像日本優秀的職棒選手，通常會考慮自己是否有能力前往美國大聯盟發展。

雖然目前只有野茂英雄、鈴木一朗、佐佐木主浩等人有在美國大聯盟打球的經驗❸。但要是每個優秀的日本職棒選手開始大舉前往美國發展，那麼日本職棒的發展肯定即將沒落。

優秀的科學家、技術人員也是一樣，只要是有實力、有實績的人，都認為到美國能取得更好的發展。而且這麼做，

企業才會開始重視保留人才的重要性，同時也會理解重視個性的教育方針。我認為不讓日本感受到強烈的危機感，我們的社會是不可能會覺醒的。

另外比較重要的就是讓日本人重新取回人性，不再讓員工成為企業予取予求的機器人。歐洲人以前因為封建制度而被宗教信仰管制，如今歐洲人已經自行脫離了宗教的桎梏。然而，遠在東方的我們還是習慣以公司的意識，來束縛住員工的思想。因此讓社會上的眾人取回人性，使員工展現出豐富多樣的個性也是必要的改革。所以作為拋磚引玉，我才會將個人的經驗說出來，同時也表達出我很擔憂日本未來的發展。

也許你會認為我不過是杞人憂天罷了，但日本人的觀念將會影響到孩子們的未來。

每個孩子都有自己的夢想，而我也想幫助孩子們實現夢想，但我們的社會卻只要孩子們通過高難度的考試猜謎大賽。孩子們在經過如此洗禮後，不但喪失自己的夢想，也開始對自己的未來感到茫然失措。這個社會不該繼續用考試荼毒孩子，而是要讓孩子們自由展現出個性。

當然，為了保障孩子們的自由發展，我們必須讓孩子取回自身的個性，而不是訓練他們成為整個社會下的奴僕。我

所提倡的平成文藝復興的重點，就是希望所有的大人能為孩子打造一個適合成長的環境。而我也期許在這個環境下成長的孩子們，能盡快培養出自由的羽翼，並且帶領我們打開迎向二十一世紀的成功之門。

（Note）————————————————————————————————

　　編注：作者是指二○○二年的情況。

NEXT 225

去做狂野的夢：反抗、戰鬥、單刀直入，中村修二的職場哲學
Wild Dream: 反逆, 闘い そして語ろう

作　　　者 — 中村修二 Shuji Nakamura
譯　　　者 — 王榆琮
主　　　編 — 湯宗勳
責 任 編 輯 — 鍾岳明
美 術 設 計 — 莊謹銘
內 文 排 版 — 時報出版美術製作中心群
責 任 企 劃 — 劉凱瑛
董 事 長
　　　　　 — 趙政岷
總 經 理
總 編 輯 — 余宜芳
出 版 者 — 時報文化出版企業股份有限公司
　　　　　　 10803台北市和平西路3段240號4樓
　　　　　　 發行專線—（02）2306-6842
　　　　　　 讀者服務專線— 0800-231-705・（02）2304-7103
　　　　　　 讀者服務傳真—（02）2304-6858
　　　　　　 郵撥— 19344724時報文化出版公司
　　　　　　 信箱— 台北郵政79～99信箱
時報悅讀網 — http://www.readingtimes.com.tw
電子郵件信箱—books@readingtimes.com.tw
法 律 顧 問 — 理律法律事務所　陳長文律師、李念祖律師
印　　　刷 — 盈昌印刷有限公司
初 版 一 刷 — 2015年10月30日
定　　　價 — 新台幣320元

國家圖書館出版品預行編目 (CIP) 資料

去做狂野的夢：反抗、戰鬥、單刀直入，中村修二的職場哲學 / 中村修二著
; 王榆琮譯 . -- 初版 . -- 臺北市：時報文化, 2015.10
　　面；　公分 . -- (Next ; 225)
譯自：Wild Dream：反逆、闘いそして語ろう
ISBN 978-957-13-6425-4(平裝)

1. 中村修二 2. 傳記 3. 職場成功法

783.18　　　　　　　　　　　　　　　　104019465

WILD DREAM by Shuji Nakamura
Copyright © 2002 by Shuji Nakamura
All rights reserved.
Original Japanese edition published by Business-sha co., Ltd
Traditional Chinese translation copyright © 2015 by China Times Publishing Company
This Traditional Chinese edition published by arrangement with Business-sha co., Ltd, Tokyo,
Through Honno Kizuna, Inc., Tokyo, and Future View Technology Ltd.

ISBN 978-957-13-6425-4
Printed in Taiwan